中国公路货运发展研究报告
（2021）

长安大学　编

人民交通出版社股份有限公司
北京

内 容 提 要

本书从全行业的视角出发，对公路货运行业发展的现状、特点及发展前景进行了分析与探讨。书中运用了与货运车辆、网络、人员等相关的海量数据，并对数据开展了针对性的挖掘与分析工作。除量化分析外，本书还将公路货运与社会经济发展、行业数字化进程相结合，对包含从业人员与车辆装备在内的内容进行了较为全面的回顾总结与梳理。本书可供公路货运行业从业人员和相关科研院所科研人员参考。

图书在版编目（CIP）数据

中国公路货运发展研究报告.2021/长安大学编.—北京：人民交通出版社股份有限公司，2022.2
ISBN 978-7-114-17223-6

Ⅰ.①中… Ⅱ.①长… Ⅲ.①公路运输—货物运输—研究报告—中国—2021 Ⅳ.①U492.3

中国版本图书馆CIP数据核字(2021)第262886号

书　　名：	中国公路货运发展研究报告（2021）
著 作 者：	长安大学
责任编辑：	林宇峰
责任校对：	赵媛媛
责任印制：	刘高彤
出版发行：	人民交通出版社股份有限公司
地　　址：	(100011)北京市朝阳区安定门外外馆斜街3号
网　　址：	http://www.ccpcl.com.cn
销售电话：	(010)59757973
总 经 销：	人民交通出版社股份有限公司发行部
经　　销：	各地新华书店
印　　刷：	北京虎彩文化传播有限公司
开　　本：	720×960　1/16
印　　张：	9.75
字　　数：	122千
版　　次：	2022年2月　第1版
印　　次：	2023年3月　第3次印刷
书　　号：	ISBN 978-7-114-17223-6
定　　价：	100.00元

版权所有　盗版必究
举报电话：（010）8528 5150
（有印刷、装订质量问题的图书由本公司负责调换）

编写单位及人员

长安大学：

王建伟　袁长伟　付　鑫　强永杰　熊国芳　姚禹璠
吕夏合　焦国华

交通运输部规划研究院：

李　弢　甘家华　李继学　刘佳昆

北京中交兴路信息科技有限公司：

夏曙东　江　天　温洁禹　张志平　李秀燕　葛金玉
虞　洋　蔡抒扬　孙智彬　周志英　王关磊

前言

公路货运是与我国实体经济发展以及人民生活水平提升息息相关的重要的运输生产活动。2019年起，我国就已经成为世界第一大物流市场，而公路货运又在整个社会物流服务业当中占据了重要的位置。统计数据显示，当前我国公路货运的运量规模已经达到了综合运输体系总运量的73%以上，可以说，公路货运在推动产业结构升级、加快生产要素流通、转变经济发展方式等方面都发挥着至关重要的作用。

当前，我国交通运输行业进入"交通强国"建设发展的关键阶段，中国物流成本具有万亿元级提质增效空间，公路货运数字化是大势所趋。伴随着物联网、大数据、云计算等新技术的不断进步，货运物流业的数字化、智慧化水平不断提升，公路货运业的新模式、新业态也不断涌现，借助各类前沿先进技术手段，可以有效提升公路货运行业的运输组织水平、运行效率与安全生产水平，助力行业的转型升级。平台型货运企业和技术赋能型企业在货运生产活动中所发挥的作用也日益凸显，整个行业发生着日新月异的变化。

同时，2020年以来，由于新冠肺炎疫情的影响，全球范围内的运输生产活动都受到了巨大的冲击，公路货运行业的发展速度、规模、运输组织方式也都发生了巨大的变化。因此，在后疫情时代，公路货运行业的发展方向、发展模式和业态升级等也成为当前行业关注的重点问题，有必要认真审视供应链环节中货运活动的体系特征与结构韧性，以提高货运行业应对重大外部影响的能力。

在此背景下，长安大学联合交通运输部规划研究院、北京中交兴路科技信息有限公司、北京福田戴姆勒汽车有限公司等机构与企业，共同编制了《中国公路货运发展研究报告（2021）》。本书从公路货运的运输方式特征、行业运行规模及结构、生产效率、从业人员、技术装备、行业受新冠肺炎疫情影响，以及行业数字化转型等角度进行了分析与阐述，力图从多个角度尽量全面地对我国公路货运行业的总体发展格局进行分析与介绍，为社会各界以及行业从业人员全面了解行业发展动态、把握行业发展特征规律、提升行业服务与管理水平等提供参考。

由于资料所限，本报告未分析我国香港及澳门特别行政区、台湾省公路货运发展情况。

与多数传统产业不同，公路货运行业具有空间流动性高、涉及范围广、产业链联动范围大、从业人员社会关注度高等特点。因此，从编制的内容组织、数据采集、资料处理等角度来讲，本书的编制是一次挑战，受时间、数据采集的范围以及笔者的知识水平所限，本书还有诸多不当之处，敬请读者批评指正。

王建伟

2021年11月10日

目录

第一章 公路货运与国民经济 ·································· 1
第一节 公路货运与交通基础设施及国内生产总值（GDP）·································· 1
第二节 公路货运与综合运输 ·································· 7
第三节 公路货运与现代物流 ·································· 13

第二章 行业运行概况 ·································· 18
第一节 货运规模 ·································· 18
第二节 网络分布 ·································· 27
第三节 运输结构 ·································· 44
第四节 运输效率 ·································· 50
第五节 运输安全 ·································· 61

第三章 从业人员与企业 ·································· 70
第一节 人员与企业规模 ·································· 70
第二节 从业人员特征 ·································· 73
第三节 企业分布生态 ·································· 78

第四章 货运车辆 ·································· 82
第一节 车辆品牌与市场构成 ·································· 82

第二节　车辆类型与货运服务……………………………86
第三节　车辆结构与动力类型……………………………96
第四节　技术类型…………………………………………101

第五章　行业数字化……………………………………110

第一节　行业数字化的发展历程…………………………110
第二节　典型技术应用情况………………………………112
第三节　G端数字化………………………………………114
第四节　B端数字化………………………………………120
第五节　C端数字化………………………………………124

第六章　新冠肺炎疫情对货运的影响…………………129

第一节　公路货运行业受疫情影响情况…………………129
第二节　公路货运行业受疫情影响后的恢复情况………133
第三节　公路货运在抗疫过程中发挥的重要作用………136
第四节　结论………………………………………………140

第七章　货运未来发展趋势与政策建议………………142

第一节　货运未来发展趋势………………………………142
第二节　货运行业政策建议………………………………143

参考文献……………………………………………………146

第一章　公路货运与国民经济

公路货运被誉为国民经济运行的"晴雨表",其与多数行业的生产活动具有紧密关系,为了进一步论证货运活动与交通运输行业及其他国民经济体系中各行业发展之间的关系,本书在此选取了部分经济运行指标进行对比研究,以进一步探究公路货运行业和交通基础设施、宏观经济以及产业发展水平之间的关系。经济运行所有指标数据除特殊标注外均来自国家统计局,公路货运行业相关运行数据除特殊标注外,均来自"全国道路货运车辆公共监管与服务平台"。

第一节　公路货运与交通基础设施及国内生产总值(GDP)

1. 公路货运与交通基础设施

交通基础设施的建设能够显著促进区域资源的合理流动和经济的广泛交流,提高资源和劳动力的配置效率,带动运输业发展,最终形成良性循环,增强地区吸引人才、资本的能力,进而推动国民经济的快速发展。高速公路等基础设施的发展能显著促进公路货运行业的发展,各省(区、市)高速公路密度与货运流量存在显著的正相关性(图1-1)。运输活动的发展已经成为一个国家发达水平的重要标志。运输网络的规模越大,越纵横交错,经济上就越发达,技术上就越先进。

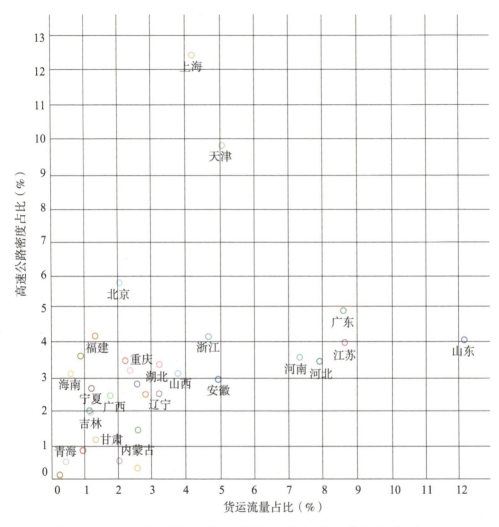

图 1-1　部分省（区、市）高速公路密度与货运流量的关系

2. 公路货运与国内生产总值（GDP）

公路货运作为交通运输业的重要组成部分，是促进多种资源流通的基础条件，其决定了各经济区域之间运输联系的数量、强度、速度及货物流向，同时也促进了不同区域之间资源的合理配置。由于公路运输因社会经济发展而产生，不同经济发展阶段对公路运输的要求不

同,因此,公路运输的发展必须与经济发展相协调,提供与经济发展阶段相适应的运输条件。

中国国内生产总值与货物周转量见图1-2,图1-2中国国内生产总值代表了国民经济的水平,公路货物周转量代表了公路运输的水平。为了便于比较,美国国内生产总值❶与货物周转量❷,见图1-3,二者呈现基本一致的变化趋势。

图1-2 中国国内生产总值(GDP)与货物周转量

图1-3 美国国内生产总值与货物周转量

图1-2共采集了2010—2020年的数据,对国内生产总值与公路运输中货物周转量进行了简要分析,由此得出在国内生产总值平稳增加

---
❶ 数据来源:快易理财网。
❷ 数据来源:美国交通运输部。

的过程中，货物周转量也是呈线性增加的。国民经济发展的速度越快、层次越高，人与货物的集散在规模上就越大、在空间上就越广，人对货物空间位移的需求也就越大。现阶段，我国公路货运与国民经济的相关性较美国更强，其相互间的影响作用也更大。

从产业活动过程角度讲，公路货运与国民经济活动具有紧密联系，一方面，公路货运是社会经济的重要组成部分，是保证交通运输业正常运行必不可少的条件；另一方面，社会经济的不断发展也会在一定程度上促进公路货运基础设施、载运工具等方面的不断升级，进一步优化行业资源配置与服务能力。

对2020年各省（区、市）货运车辆数、GDP与货运流量占比（图1-4）进行分析，结果显示，多数省（区、市）呈现"经济活动水平越高，活跃运力水平越高"的现象，两者的总体趋势具有一致性；部分省（区、市）出现GDP与货运活跃水平相背离的现象，即呈现了"货运大省"与"经济大省"不一致的发展格局。

本报告选取公路货运流量结合各省（区、市）GDP水平进行相关性分析（图1-5），各省（区、市）GDP水平与货运流量的相关系数为0.878，反映了货运生产活动在一定程度上与产业活动具有紧密互动的关系，并且受经济运行走势影响，可以作为国民经济运行的"晴雨表"。

公路货运作为一项基础产业，时刻都在为其他产业的发展提供支撑和保障，尤其是为我国制造业的发展做出了突出贡献。

2020年，全国1~12月的活跃车辆数与商品零售价格指数[1]之间存在很强的负相关性（图1-6），证明公路货运业与工业、制造业之间存在着紧密的联系。

---

[1] 数据来源：国家统计局。

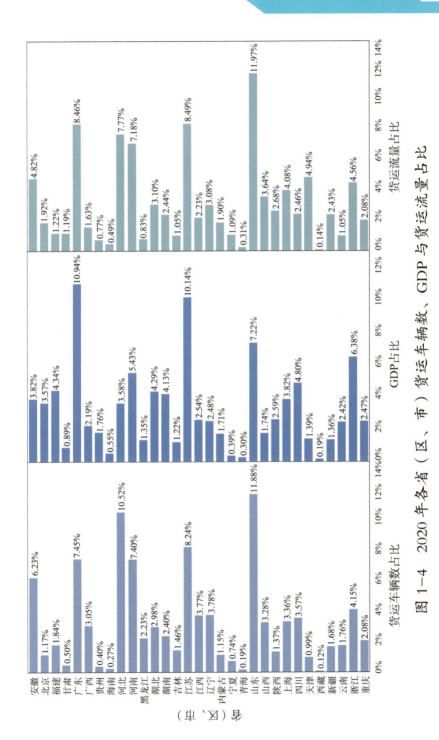

图 1-4 2020年各省（区、市）货运车辆数、GDP与货运流量占比

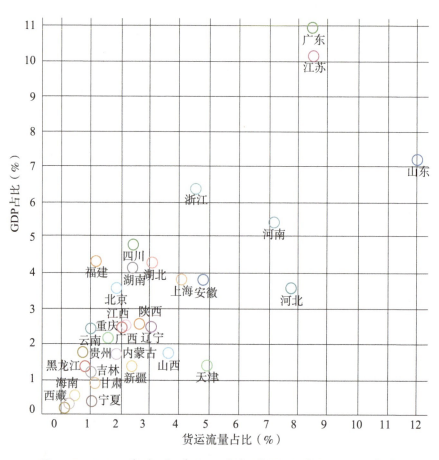

图 1-5　2020 年各省（区、市）货运流量与 GDP 占比

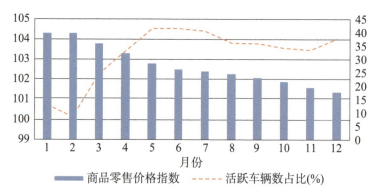

图 1-6　2020 年全国活跃车辆数与商品零售价格指数关系

结论中呈现的负相关性表明，商品零售价格指数和公路货运指标呈现相反的变化趋势，其原因是活跃车辆数下降导致单位运输成本的上升，从而使商品零售价格指数上涨。生产的社会化程度越高，商品经济越发达，生产对流通的依赖性越大，运输在生产中的作用越重要。

第二节 公路货运与综合运输

1. 综合运输发展简介

综合运输是在社会生产发展到一定历史阶段产生的，包括公路、铁路、水路、航空和管道五种运输方式及其线路、场站等，是指各种运输方式在社会化运输范围内和统一运输过程中，按其技术经济特点组成的分工协作、有机结合、连接贯通、布局合理的交通运输综合体。随着社会经济的快速发展，人们的出行需求越发强烈，各种交通运输方式都开始发展壮大起来，交通支撑和促进了社会发展，同时社会的高速发展也推动了综合运输体系的迅速形成。

每种运输方式有其特定的运输线路和运输工具，并且都已形成了各自的技术运营特点、经济性能和合理使用范围。各种运输方式在分工的基础上通过协作配合、优势互补进行有机结合，更好推动综合运输发展。五种运输方式的优缺点见表1-1。

与传统交通运输业不同，综合运输更强调五种运输方式的有机结合、协调配合及连接贯通，共同促进行业协同发展。综合运输体系的稳步发展不仅能有效提高行业生产效率，同时也能提高行业管理者的组织管理能力，推动行业协调有序发展[1]。

---

[1] 王超敏，杜馨仪. 综合运输体系发展综述[J]. 经营管理者，2014(24)：1.

五种运输方式优缺点 ❶   表 1-1

运输方式	优　点	缺　点
公路运输	1. 门对门直达运输； 2. 机动灵活； 3. 原始投资较少，资金周转快	1. 运输能力小； 2. 运输能耗很高； 3. 运输成本高； 4. 劳动生产率低
铁路运输	1. 运输能力较大； 2. 运输速度较快； 3. 受气候影响较小； 4. 运输成本较低	1. 固定投资较高； 2. 营运缺乏弹性
水路运输	1. 路线投资少； 2. 运载量大； 3. 运输成本低	1. 速度低； 2. 受自然环境限制大
航空运输	1. 速度快； 2. 安全舒适； 3. 基本建设周期短	1. 运输成本较高； 2. 运载量小； 3. 受天气影响大
管道运输	1. 不受地面气候影响并可连续作业； 2. 运输的货物不需包装，节省包装费用； 3. 货物在管道内移动，货损货差率低； 4. 费用省，成本低	1. 运输货物专一性高，仅限于液体与气体货物的运输； 2. 永远是单向运输，机动灵活性小； 3. 固定投资大

我国综合运输发展现已取得了历史性成就，用几十年时间走过了发达国家上百年的发展历程，已经成为名副其实的交通大国。一是综合交通基础设施网络不断完善。高速铁路营业里程、高速公路通车里

---

❶ 资料来源：作者根据资料自行整理。

程、港口万吨级以上泊位数等均居世界第一。交通运输服务能力持续提升，有力支撑了国民经济持续快速发展。二是有力促进了国土空间开发保护和区域协调发展。高速铁路、国家公路、国家高等级航道、国家民用运输机场主干网络逐步形成，极大缩短了时空距离。三是国际互联互通不断加强。港口、机场国际航线及中欧班列连通世界主要地区，截至2020年底，世界10大集装箱港口中，我国占据7席，我国航空公司国际定期航班通航65个国家的167个城市，年旅客吞吐量超千万人次机场已达39个，中欧班列通达21个欧洲国家的92个城市，为我国深度参与全球贸易、推进全方位对外开放提供了有力支撑❶。四是基础设施建造技术达到国际先进水平。京沪高铁、港珠澳大桥、洋山深水港、北京大兴国际机场等一批超级工程震撼世界，显著提升了我国国际影响力。

2. 公路货运在综合运输体系中的发展

作为综合运输体系的一种高级运输组织形式，多式联运可有效整合各种运输方式的优势，最大限度上提高运输生产活动效率❷。

2016年底，交通运输部等十八个部门联合发布《关于进一步鼓励开展多式联运工作的通知》。2017和2018年，国家已确定将两批46个项目列入多式联运示范工程名单。多式联运是依托两种及以上运输方式有效衔接，提供全程一体化组织的货物运输服务，具有产业链条长、资源利用率高、综合效益好等特点，对实现交通运输绿色低碳发展、完善现代综合交通运输体系具有积极意义。2020

---

❶ 交通运输部.科学布局国家综合立体交通网[R/OL].（2021-03-16）[2020-12-01].https://m.thepaper.cn/baijiahao_11728158.

❷ 刘秉镰,林坦.国际多式联运发展趋势及我国的对策研究[J].中国流通经济,2009,23(12):17-20.

年，前三批 70 多个多式联运示范工程完成集装箱多式联运量约 480 万 TEU。全国港口完成集装箱铁水联运量 687 万 TEU，同比增长 29.6%。

当前，我国多式联运的整体发展水平仍然较低，与发达国家相比仍有较大差距，诸如协同衔接不顺畅、市场环境不完善、法规标准不适应、先进技术应用滞后等问题较为突出。近年来，国内一系列突破性的政策和举措以空前力度推动多式联运快速发展。从政府到企业，从沿海到内陆，从航运到铁路，从硬件到软件，正在逐步打破物流和运输领域多年来的僵局。在众多政策利好、示范工程和技术创新的合力作用下，我国多式联运正在进入全面发展时期。

近年来，随着西部大开发、东北全面振兴、中部地区崛起等战略的有序推进，京津冀协同发展、长江经济带发展、粤港澳大湾区建设、长三角一体化发展等区域化发展战略的加快实施，基础设施建设密度和网络化程度都得到了全面提升。根据《关于建设世界一流港口的指导意见》，规划到 2025 年，全国集装箱、干散货重要港区铁路进港率达到 60% 以上，矿石、煤炭等大宗货物主要由铁路或水路集疏运；到 2035 年，重要港区基本实现铁路进港全覆盖，港口集装箱铁水联运比例显著提升。预计未来几年国内多式联运货运量将大幅攀升。

当前公路货运仍是我国各种运输方式中的骨干运输方式，尽管其他各种运输方式各有其自身的特点与优势，但在一个完整的运输生产活动链中，或多或少都需要依赖公路运输来完成运输生产活动。公路货运联运组织形式见表 1-2。

公路货运联运组织形式[1]　　　　表1-2

组织形式	含 义
公铁联运 (Truck-Rail)/ 驼背运输 (Piggy Back)	采用公路与铁路两种运输方式，通常以集装箱为运输单元。在铁路运输区段装至列车厢，由铁路承运，其余运输区段进行公路运输。
公水联运 (Truck-Water)/ 船背运输 (Fishy Back)	船上无装卸货物的设备，将货柜装载于特设的卡车拖车上，经岸上所架跳板驶进船舱，货柜与拖车同留于舱内，到达目的地卸货时货柜连同原拖车一起驶出
公航联运 (Truck-Air)/ 鸟背运输 (Birdy Back)	由公路卡车直接驶进机舱，飞机卸货时再行驶离开，其将货物直接送抵目的地

公路运输是一种机动灵活且方便的运输方式，其中，长途干线运输曾是公路货运获利较高的运输方式，但近两年，在公转铁（水）的政策下，货车平均运距在不断缩短，据国家统计局数据显示，2019年公路货运的平均运距为173.59km，2018年该数据为180.06km，2016年该数据为182.81km，短短3年内，公路货运的平均运距缩短了9.22km。在这样的发展背景下，多数长途货运从业者纷纷转向中短途货运，通过与其他运输方式有效结合，合理引导各运输方式的动态发展，并通过各种运输方式之间的协调发展，发挥组合效率，实现连续、无缝衔接及"门到门"服务，从而推动构建资源节约、环境友好的综合运输体系。

随着我国综合运输体系得到更深层次的发展，公路货运也作出了适应性的调整。在公路货运稳定发展的同时，还要注意其他运输方式的有效发展，推进相关重点项目建设，提高铁路、水路运输方式的运

---

[1] 资料来源：作者根据资料自行整理。

输比例，持续推进货运车辆的标准化、现代化发展，全面提升货物运输组织化水平，从根本上促进公路货运与综合运输体系的相辅相成，进而达到各种运输方式有机灵活结合，提高综合效能，强化薄弱环节，寻求共同发展。

高速公路的完善、运输车辆的大型化改变了公路货运原先速度慢、运输能力不高的技术经济特点，也改变了人们的出行习惯，促进了货运服务的发展，在紧密的都市间已成为运输大动脉、产业经济的先导者。综合运输大通道是综合运输网络和国家经济发展的命脉，是跨区域间最重要的连接通道，由于其沿途经过的多是省会城市及重要都市，是人口最为密集、经济最为发达、产业最为集合的地区，因此，其发达程度代表着一个国家交通运输的发展水平，也是区域经济发展规模与发展水平的重要影响因素。

目前我国东中部地区的公路、铁路已经比较发达，需重点提升现有各种运输设施的衔接水平，发挥现代化运输的综合效能；此外，我国机场数量相较一些发达国家而言总体仍较少，特别在运输生产活动需求旺盛的京津冀、长三角、珠三角等城市群，机场规模还不足，应适当扩大空域和地面资源供给，加强机场建设，着力推动综合运输体系的有效发展。建设现代综合运输体系，形成统一开放的交通运输市场，优化完善"十纵十横"综合运输大通道布局，加强高速铁路货运和国际航空货运能力建设，加快形成内外联通、安全高效的物流网络。而建设现代综合运输体系的基础则是要加快建设、全面优化综合运输通道、枢纽和网络体系布局，重点推动沿边沿海跨江跨海公路体系、西部陆海新通道（平陆）运河、湘桂运河、赣粤运河等重大工程，提升主通道容量和韧性，增强交通密度和活力。

第三节 公路货运与现代物流

1. 物流业运行现状

随着世界经济的快速发展和现代科学技术的进步，现代物流业作为现代经济的重要组成部分和工业化进程中最为经济合理的综合服务模式，正在全球范围内迅速发展。在国际上，物流产业被认为是国民经济发展的动脉和基础产业，其发展水平成为衡量一个国家现代化程度和综合国力的重要标志之一，被喻为促进经济发展的"加速器"。

2020年全国社会物流总额300.1万亿元，按可比价格计算，同比增长3.5%。2020年社会物流总费用14.9万亿元，同比增长2.0%。社会物流总费用与GDP的比率为14.7%，与2019年基本持平，5年内波动较小，整体呈现平稳状态（图1-7）。

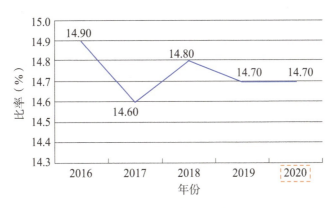

图1-7 2016—2020年社会物流总费用与GDP的比率

2020年物流业总收入10.5万亿元，比上年增长2.2%。2016—2018年社会物流总收入逐年增长且增幅不断扩大，近两年虽在不断增长，但增幅放缓明显，体现出物流业发展已达到较稳定水平（图1-8）。

图 1-8　2016—2020 年社会物流总收入及同比增长情况

2020 年 2 月，物流景气指数因疫情影响跌至最低值，为 26.2%，2019 年同期也为当年最低值，但仍比 2020 年 2 月高 23.4%，2020 年 3~12 月，物流景气指数延续回升状态，总体保持 50% 以上高位运行，与 2019 年下半年趋势相近，且两年物流景气指数都在临近年末时不断升高，并于 12 月达到全年最高值（图 1-9）。

图 1-9　2019 年与 2020 年中国物流景气指数

近 5 年我国快递业务量不断攀升，增幅较大，2020 年同比增长 31.2%（图 1-10）。体现出国内快递业蓬勃发展的态势及国内人民对快递服务需求的剧烈增加。

图 1-10　2016—2020 年快递业务量及其增长速度

2. 公路运输在物流中的地位

随着我国经济快速走向现代化和国际化，物流业在我国国民经济中的地位日益凸显。物流业发展中，由于公路运输成本低、灵活好控制的特点，因此发挥着不可替代的作用。从货运量来分析运输方式：近 5 年公路货运量波动不大，且较其他三种运输方式占比更大，居重要地位；近两年铁路和水运货运量有明显增加，但占比仍较小；民航货运量稍有波动，占比最小（图 1-11）。

从货物周转量来分析运输方式：近 5 年水运货物周转量波动不大，但较其他三种运输方式占比更大；铁路运输货物周转量处于逐年上升态势，但占比较小；民航货物周转量占比最小；公路货物周转量近两年有所下降，但占比仍稳居第二。公路的发展将大大促进我国物流行业的发展，降低成本、提升速率和效益（图 1-12）。

图 1-11 近 5 年各运输方式承担货运量占比

图 1-12 近 5 年各运输方式承担货物周转量占比

公路货运是物流运输行业的重要组成部分，运输是连接并贯穿整个物流供应链的主线。我国已成为世界第一大公路运输市场，但物流效率不高。2020 年，因为新冠疫情影响，1、2 月公路货运效率指数都比较低，3 月份开始逐渐复工，我国公路货运效率指数 98.7，低于基准数 1.3 个指数单位，相比于 2 月大幅提升，与 2019 年同期相比上升了 3.09

个指数单位。4月以后指数保持在100以上，表明2020年公路货运效率总体有所提升，且总体较好（图1-13）。

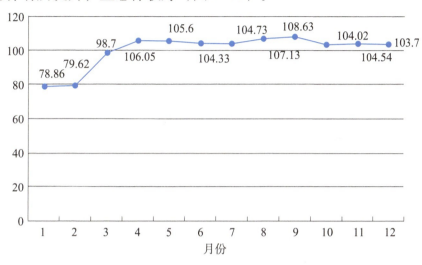

图1-13　2020年公路货运效率月指数分布

公路货运的高效运营是国民经济增长的必要条件，且国民经济水平的提高反过来可以推动货运行业更好地发展。物流是公路货运的发展方向之一，公路货运是现代物流的基础，是综合运输不可缺少的部分。

第二章 行业运行概况

为全面反映公路货运行业的总体运行概况,本章内容基于"全国道路货运车辆公共监管与服务平台"中的车辆运行监测数据,分别从公路货运规模、公路货运网络分布、公路货运结构、公路货运效率及公路货运安全五个方面对我国公路货运行业的总体运行概况进行相关分析总结。

第一节 货运规模

1. 运力规模

公路货运是货物运输中最为活跃的运输方式,分析国内公路货运运力供给情况对行业有序发展有着至关重要的作用。

近年来,全国货运车辆总体规模持续增长,山东省车籍规模仍居首位(山东省运力规模2019年居首位)。从运力供给角度看,2020年全国货运车辆车籍归属地货运车辆规模最大的6个省(区、市)分别为:山东、河北、江苏、广东、河南、安徽,其车辆占比总和超过全国总量的50%,其中,山东籍货运车辆最多,占比为11.88%,较2019年(11.85%)增加了0.03%。广东籍车辆数增加较多,较2019年(4.82%)增加了2.63%(图2-1)。

在车辆投入方面,近年来由于市场需求快速增加,车辆的快速涌入,货运行业运力方面整体呈现年轻化的发展趋势。2020年车龄数据的分析结果显示：货运车辆平均年龄为 2.68 年，连续 4 年下降。计算结论显示，2020 年，我国公路货运车辆平均年龄为 2.68 年，自 2016 年以来连续 4 年保持下降态势。其中，2019 年与 2020 年车辆平均车龄增长率分别为 –20.61% 以及 –25.97%，平均车龄降幅较大，新车涌入、旧车替换现象明显（图 2-2）。一定程度上有效加快了市场上货运车辆的新旧替换。

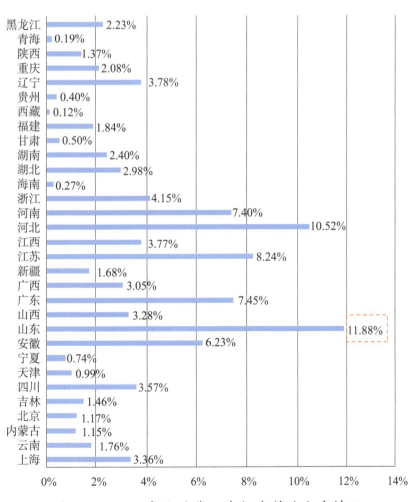

图 2-1　2020 年公路货运车辆车籍地分布情况

图 2-2　2016—2020 年货运车辆平均车龄及增长率变化情况

车辆活动受疫情影响明显，疫情结束后需求急剧增长后回落。从每月活跃车辆数❶占比情况看，货运车辆生产情况受外部影响较为明显。其中，受春节影响，1 月活跃车辆数占比为全年的 13.1%，处于较低水平；受疫情影响，2 月为全年最低，仅为 8.6%。3 月、4 月明显回升，5 月、6 月、7 月疫情逐渐稳定后需求增加从而车辆数达到峰值，8 月后开始回落（图 2-3）。整个公路货运行业总体上显示出了较好的恢复和调整能力，在受到不同程度影响后能满足市场需求并恢复到正常水平。

2. 运力分布

公路货运和经济发展联系紧密，因此，公路货运运力分布与城市发展紧密相关。通过数据，我们发现运力主要分布城市与国家城市群分布高度一致，形成规模性集中运输区域。

2020 年，我国公路货运车辆运力规模情况如图 2-4 所示。结果显示，目前公路货运车辆活动主要集中分布于长三角、环渤海、珠三角，

---

❶ 本报告采用一个月有 14 天及以上行驶且每日行驶总里程超过 20km 的货运车辆为活跃车辆。

其活跃车辆份额占比总和超过50%，有超过一半运力分布于这些区域，形成了较为明显的规模性地区集中运输。

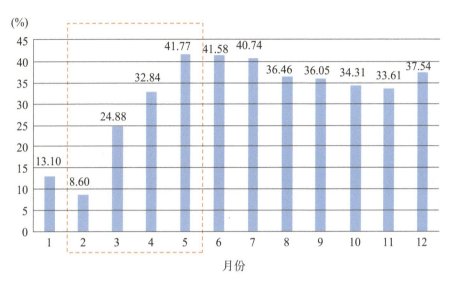

图 2-3 2020年分月活跃车辆数占比变化情况

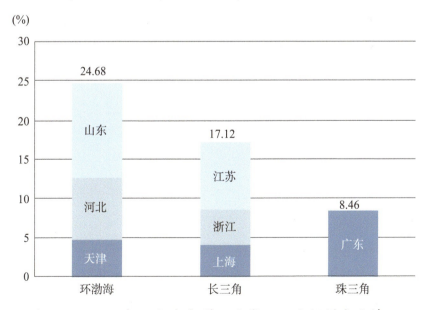

图 2-4 2020年三大城市群公路货运运力规模占比情况

3. 载运能力

近年来，我国不断优化运力结构，提升运力装备水平，积极推动货运车辆向大型化、重型化方向发展。经统计，2020年全国公路载货车辆平均吨位为14.2t，与2019年相比，增加了3.8t，公路货运车辆载运能力不断增强。

公路货运车辆平均吨位的上升态势已经连续保持了6年，整体保持明显的增长态势，2018年与2020年增长更加明显，说明新入户的车辆吨位数大于退出的车辆吨位数，载运工具的大型化、专业化趋势不断发展，并在2020年取得良好效果（图2-5）。

图2-5 2014—2020年公路载货车辆平均吨位及增长情况

本报告使用额定吨位周转量❶来描述不同月份货运活动运量的规模差异。从全年总体情况看，1~2月受春节、疫情等影响严重，3~5月为满足运输市场需求，运力迅速恢复（图2-6）。下半年运量规模进入

---

❶ 额定吨位周转量＝额定吨位载质量 × 行驶里程。

稳定阶段，并于12月达到全年最大值。

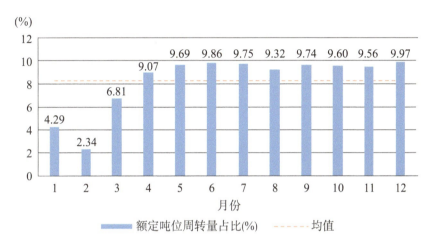

图 2-6　2020 年各月份额定吨位周转量占比情况

不同车型货车由于功能用途有所区别，在营运速度、营运里程、额定周转量上呈现不同的特点（图 2-7）。数据分析可看出货物周转量与速度快慢成正比，鲜有速度慢却周转量高的车辆类型。其中，车辆运输车、牵引货车、集装箱货车、封闭货车营运效率较高。但值得注意的是，厢式货车呈现速度快、里程远、周转量低的营运特征，这与车辆自身额定载质量以及车辆运输性质有着密不可分的关系。除厢式货车外，栏板式货车与罐式货车、专项作业车与特殊结构货车呈现速度低、货物周转量也低的特点。

4. 货运量分布

港口货物运输是整个货运物流体系中的一环，负责货物的储存与装卸，随着全球经济的增长与一体化程度的提高，作为水上运输的枢纽，港口行业拥有良好的发展前景。港口城市的货运发展情况在一定程度上也能反映出该城市在货运行业的参与程度及发展情况。

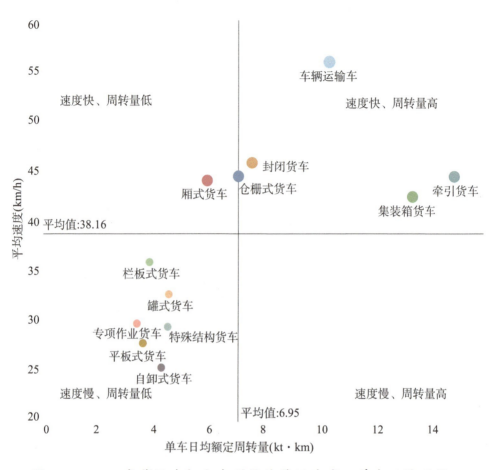

图 2-7　2020 年货运车辆分车型平均营运速度、单车日均里程、单车日均额定周转量

2020年，天津与上海依旧是全国货运量排名前两位的港口城市，货运量明显远超其他8个港口城市，并且月度货运量波动明显。广州、深圳、青岛的货运量处于第二梯队，月度货运量也有一定程度的波动，区别于其他港口城市。秦皇岛、宁波、营口、大连和舟山等港口城市的货运量除2月受疫情及春节假期的影响外，全年都较为稳定（图 2-8）。

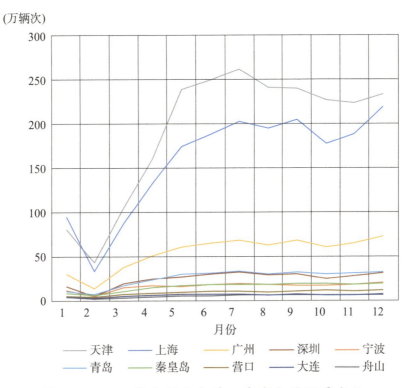

图 2-8　2020 年全国十大港口城市分月运量变化

我国中心城市都是居于国家战略要津、肩负国家使命、引领区域发展、参与国际竞争的城市，在我国的交通、金融、管理和文化等方面都发挥着重要的中心和枢纽作用，在推动国际经济发展和文化交流方面也发挥着重要的门户作用，具有全国范围内的中心性和一定区域内的国际性特征。因此，了解我国中心城市货运行业的发展尤为重要。2020 年我国九大中心城市的货运量都呈现一定的规律（图 2-9）。其中，天津、上海全年的货运量呈现类似的波动情况，货运量整体上都高于其他中心城市，并且均在 2～5 月及 5～7 月有两次明显的上升。北京、重庆、广州的货运量为第二梯队，个体上也呈现出一样的波动态势。2～5 月间，重庆的货运量几乎比肩上海，但到 5 月左右出现明显下降，6 月后北京、重庆、广州的波动情况基本一致。而郑州、武汉、成都和西安这 4 个中心城市全年的货运量较低，且在 1~4 月间的变化参差不齐，但 5 月后波动情况也达到了基本一致。

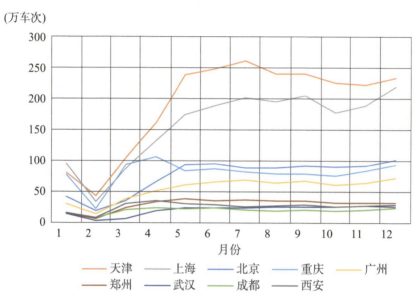

图 2-9　2020 年九大国家中心城市分月货运量变化

物流枢纽城市的作用在货运行业中是十分重要的，其承担着运输过程中"承前启后"的重要作用。枢纽城市货运量的变化也能从一定程度上反映这些枢纽城市在货运行业的辐射带动能力。2020 年我国 15 个顶级物流枢纽城市的货运量有显著差异（图 2-10）。其中，天津、上海的全年货运量仍然居于前两位，这与二者的多重身份息息相关。其次，重庆、广州、杭州的全年货运量变化呈现不一样的波动，其中，在 2~5 月，重庆的货运量有一个非常明显的增长，随后降至平稳，而广州与杭州的全年货运量（除 2 月外）都呈现稳中有增的态势。其余枢纽城市的全年货运量的波动基本一致。

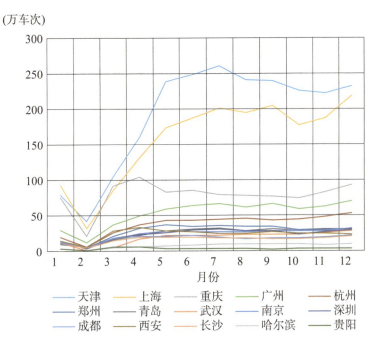

图 2-10　2020 年全国 15 个顶级物流枢纽城市❶分月运量变化

第二节　网络分布

1. 流量流向分布

网络分布作为交通运输领域的基本问题，与流量分配有着密不可分的关系。为了形成分工协作、有机结合、布局合理、联结贯通的物流综合运输体系，对物流综合运输体系下货物运输中货运流量状态变化过程进行分析，更好地掌握流量分配和网络分布，使得货物运输在未来可以更高效率地发展。

---

❶ 城市根据 2018 年发改委、交通运输部联合印发的《国家物流枢纽布局和建设规划》确定。

流量分配是以网络分布的结果作为流量载体。2020年全国主要货运生产活动城市的流量分布结果表明（图2-11）：我国货运网络生产活动分布主要集中在珠三角、长三角及京津冀城市群，其中东莞、广州、上海、苏州、天津分别为三大城市群的主要货运活动中心，且东莞、佛山、苏州、唐山为主要货运流向港口城市。

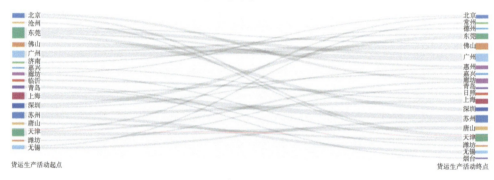

图2-11　2020年全国主要货运生产活动城市

港口货运流向、流量构成是港口城市在国际、地区间水上交通链中地位、作用和影响的最直接体现。基于此，将我国十大港口城市作为货运生产活动的起点进行分析，由2020年全国十大港口城市货运生产活动主要流向可以明显看出（图2-12）：广州、上海、天津、深圳等港口城市的货运活动远超其他六个港口城市，并且东莞、佛山、苏州、唐山为十个港口城市的货运生产活动主要流向地。港口城市的货运流量可为衡量国家、地区、城市建设和发展的量化参考提供依据。

从2020年公路货运途经城市数据来看，我国公路货运的发展趋势主要集中于五个极：京津冀—山东半岛—长三角—珠三角—成渝（图2-13），形成"一个内陆城市群+四个沿海城市群"的分布格局。中国公路货运格局正在进入"五极"时代，"钻石结构"串联中国货运体系。公路货运分布格局也逐渐形成。

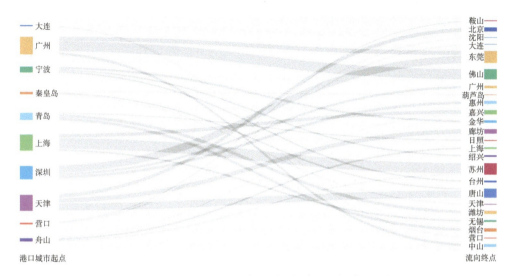

图 2-12　2020 年全国十大港口城市货运生产活动主要流向

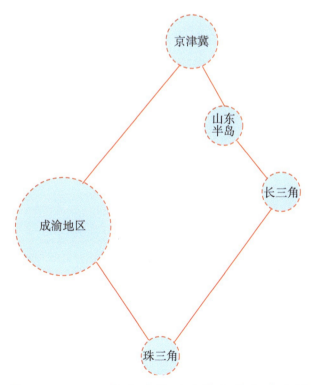

图 2-13　2020 年公路货运流量主要分布地区

货运流量活跃的城市主要分布在东部沿海地区。从全国货运车辆途经城市流量来看，除位于三大沿海城市群中的城市外，川渝地区的重庆及北京、临沂、济南、滨州的车辆途经次数占比均位于全国前列（图2-14）。相较于2019年货运途经城市流量数据，成都市下降较为明显（2019年占比0.79%，2020年占比0.5%）。

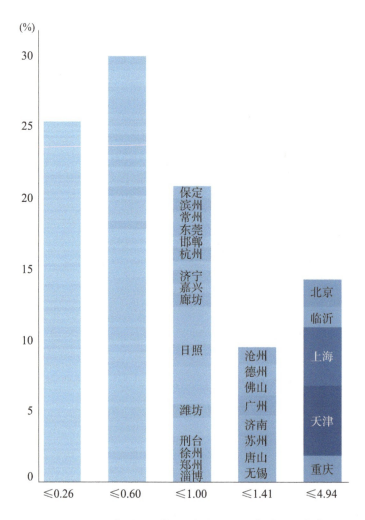

图2-14　2020年全国货运车辆途经城市流量占比图

2. 城市节点分布

为使资源分布更为合理，应强化枢纽城市主体功能。以重要的联运枢纽（城市）为核心，打造由货运枢纽（物流园区）、运输通道、组织服务等物流资源共同组成的有机综合体。引导枢纽（城市）按照在区域物流发展中的定位，系统推进对外运输通道、园区项目集疏运系统、标准规范等要素协同发展，发挥重要城市节点辐射带动作用。

重要城市节点依托货运流量分布，从公路货运生产活动的空间分布看，2020年我国主要货运活动所依托的城市节点多数聚集在沿海地区，主要分布于长三角、环渤海、珠三角三个城市群中（图2-15）。三大城市群为运输活动活跃区域，城市节点与线路集中度较高。其中，天津与上海成为我国南北最重要的两个货运城市节点，货车途经次数占比最高，分别为4.94%与4.08%，较去年大幅度增长。

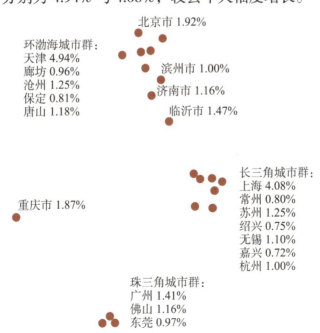

图2-15　2020年全国重要城市节点（依据被途经次数）分布情况

全国范围内重要枢纽节点❶分布差异明显（图2-16），从全国重要枢纽节点分布情况来看，绝大多数集中在东部地区。大型货运流量主要集中于沿海地区。在全国范围内仍有较大枢纽开发空间。应重点依托枢纽节点，推进具有较强公共服务属性和区域辐射能力的货运枢纽项目建设，支持具备多式联运、干支衔接、口岸服务等功能的货运枢纽项目，促进我国货运行业的不断发展。

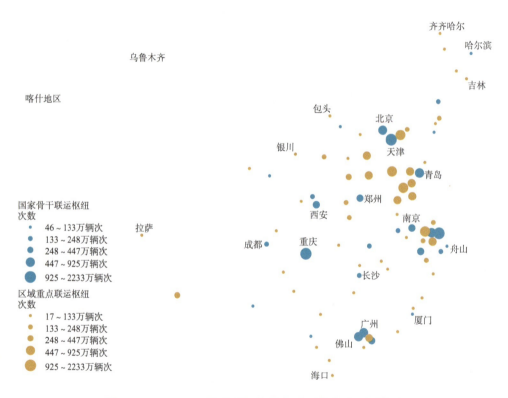

图2-16　2020年全国重要枢纽节点分布情况

---

❶ 交通运输部、国家发展改革委印发《推进物流大通道建设行动计划（2016—2020年）》，全面推动形成23个国家骨干联运枢纽（城市）、51个区域重点联运枢纽（城市）和11个陆路沿边口岸枢纽。

与全国重要枢纽节点分布相呼应，全国货运车辆主要拥堵点地域分布差异明显，从 2020 年 10 月～2021 年 5 月全国主要拥堵点分布数据来看（图 2-17），拥堵城市主要集中在东南沿海城市，而中西部城市仅有少量拥堵点。其中环渤海城市群，长三角城市群，珠三角城市群拥堵较为明显。

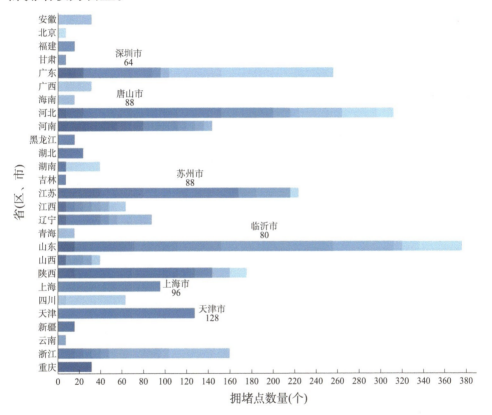

图 2-17　2020 年 10 月～2021 年 5 月全国主要拥堵点分布

全国主要拥堵点日均聚集车辆数整体较为平稳，从全国主要拥堵点日均聚集车辆数来看，平均每天在拥堵点处聚集的车辆数为 5.32 千辆；2 月受春节假期影响，拥堵点处车辆聚集程度较低，其整体水平保持平稳波动（图 2-18）。

图 2-18 2020 年 10 月～2021 年 5 月全国主要拥堵点日均聚集车辆数

3. 全国主要途经城市路段分布

主要途经城市路段分布格局十分显著。如在货运流量高低峰规律性较强的通道路段，研究和探索开设潮汐式客货分流车道，可有序增加特定时段货车通行能力。合理规划主要途经城市路段，增加货运运输效率。

通过对全国范围内 6 条公路货运大通道流量进行对比分析发现，这 6 条公路货运大通道所承担的货运流量接近全国货运流量的 50%，承担了较大的货运活动份额，其中，京广公路与京沪公路货运大通道的货运流量占比均超过 10%，分别为 17.55%、12.31%。沿海公路与西北公路货运大通道所承担的货运流量占比较少，分别为 4.92%、4.03%（图 2-19）。

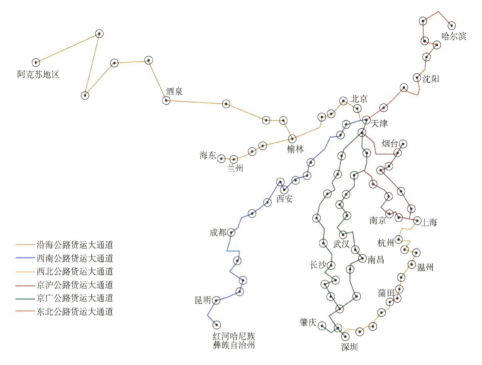

图 2-19　2020 年全国公路货运主要通道

在城市主要活动节点提取基础上，依托车辆主要途经城市节点，分析了 2020 年货运车辆的主要线路情况。结论显示，目前全国范围内主要货运路线仍以三大城市群地区为主。以北京、天津为主要节点城市形成的"北京—天津—唐山—廊坊—沧州"货运线路的货运份额最大，承担了全国 9.84% 的货运活动份额。长三角城市群的货运份额仅次于环渤海城市群，为 8.63%。在珠三角城市经济群中，形成了以广州为中心、连接周边城市的货运线路，货运活动占比达到 3.20%。相较于 2019 年，临沂路段四周有了较大的放射性发展，形成了"德州－滨州－济南－泰安－临沂－日照"的半岛城市群货运路线，承担全国 2.92% 的货运份额。除此之外，西安与咸阳等关中平原城市群货运路段也形成了全国货运活动较为活跃的运输路线（图 2-20、图 2-21）。

图 2-20 全国主要途经城市路段（依据被途经次数）分布情况

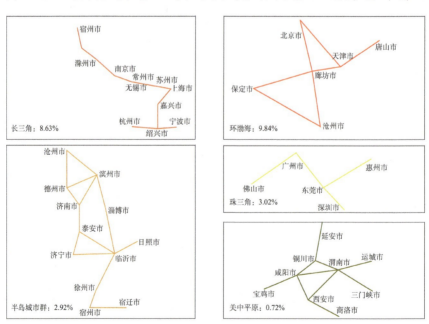

图 2-21 2020 年全国公路货运主要运输路线分布
（货运活动份额占比前五）

4. 物流大通道流量分布

经过多年改革发展，我国多节点、网格状、全覆盖的综合交通运输网络已经初步形成。"十二五"时期，初步形成以"五纵五横"为主骨架的综合交通运输网络，"十三五"时期，"五纵五横"综合运输大通道[1]基本贯通，见表2-1。推进物流大通道建设是支撑国家战略的有力举措。"十三五"及今后一段时期，我国将深入实施"四大板块"区域发展总体战略，重点实施"一带一路"、京津冀协同发展、长江经济带发展三大战略。推进物流大通道建设，强化跨国、跨区域物资交换，有利于促进区域联动、协调发展，进一步提高我国对外开放水平，提高国际竞争力。

"五纵五横"综合运输大通道　　　　表2-1

归类	名　　称	作　　用
纵一	南北沿海运输大通道	强化我国南北沿海主要经济区间的货运联系和国际海运联系
纵二	京沪运输大通道	强化京津冀、山东半岛、长三角等东部发达地区间的货运联系
纵三	满洲里至港澳台运输大通道	强化京津冀、长江中游、珠三角、海西等地区间的货运联系
纵四	包头至广州运输大通道	强化关中、成渝、滇中、北部湾等地区间的货运联系
纵五	临河至防城港运输大通道	进一步连接沟通南亚、东南亚地区
横一	西北北部出海运输大通道	强化三西（陕西、山西、蒙西）、两东（宁东、陇东）地区资源能源外运和沿线地区间的货运联系
横二	青岛至拉萨运输大通道	强化山东半岛、太原、银川等地区间的货运联系

---

[1] 交通运输部，国家发展改革委.推进物流大通道建设行动计划（2016—2020年）[R/OL].(2016-12-7)[2021-12-01]. http://www.jianxian.gov.cn/oldfujian/jxjax/P020170215457254131703.pdf.

续上表

归类	名称	作用
横三	陆桥运输大通道	强化我国陇海—兰新一线的跨地区货物交流，并承担"一带一路"陆桥国际运输保障功能
横四	沿江运输大通道	国际性综合交通枢纽通道，打造衔接高效、功能完全的交通中枢
横五	上海至瑞丽运输大通道	沟通云南沿边各主要陆路口岸，强化东部地区与西南各省（区、市）间货运联系

从全国综合货运大通道流量占比来看，其中京沪运输大通道货运流量占全国第一，高达 25.84%。其次是南北沿海运输大通道，货运流量占全国 20.77%（图 2-22）。

图 2-22 全国综合货运大通道流量占比（五横五纵）

5. 总体格局

为了促进物流业"降本增效"，应着力完善总体网络布局、提升枢纽功能、优化运输组织、改善通行管理，基于货运网络总体格局，加速信息资源开放共享，实现跨运输方式、跨部门、跨区域信息共享与管理协同。

从车辆活动轨迹所对应的空间分布情况看，车辆活动呈现较为清晰的运输活动空间结构差异。由 2020 年公路货运数据得出，货运车辆单日行驶总里程超过 200km 的车辆数约占 55%，基本属于省际运输范围。

从市级单元看，每日活动涉及城市个数为 1～4 个的货运车辆占比接近 63.8%，相较于 2019 年略有下降（2019 年为 85% 左右），但我国货运车辆日运输活动范围仍然主要还是以市内运输以及周边城市运输为主（图 2-23）。相比于 2019 年货车数据，每日活动涉及城市个数是 5 个及以上的大幅增加（2019 年为 15% 左右）。与车辆活动轨迹相符，较多货车驾驶员开始选择省际长途运输。

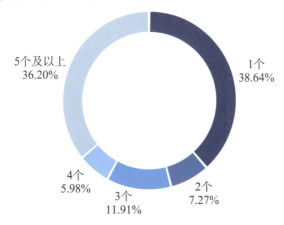

图 2-23　2019 年全国货运车辆每日活动涉及城市个数占比情况

货运车辆的异地营运情况是基于某一省（区、市）级行政单元籍贯车辆在非籍贯地的营运规模来反映的。通过对 2020 年各省（区、市）车籍货运车辆的异地营运率❶进行分析发现（图 2-24），公路货运车辆的异地营运率在全国范围内表现出明显的地域差异，呈现由东向西、由北向南递减的现象，整体水平与去年相对一致。华北及东北

---

❶ 异地营运率：本地籍贯车辆在外地营运活动占全部活动过程的比例。

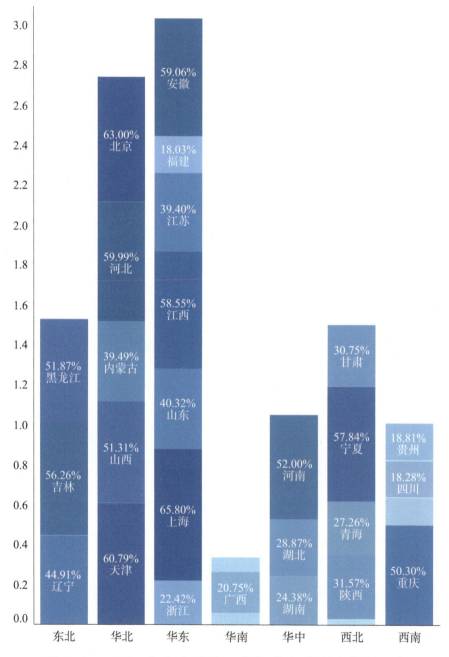

图 2-24 2020年各省（区、市）异地营运率空间分布

地区异地营运率显著较高，分别达到了58.77%、51.01%，并且较去年华北地区车辆异地营运率（52.36%）有所提高；车籍地位于西南、华南地区的车辆多数都在本地区进行运输活动，异地营运率较低，分别为20.24%、11.49%。

异地营运率前五的省（区、市）分别为：上海（65.80%）、北京（63%）、天津（60.79%）、河北（59.99%）、安徽（59.06%）；而本地使用率前五的省（区、市）有：新疆、海南、西藏、云南、广东，本地使用率均超过90%（图2-25）。

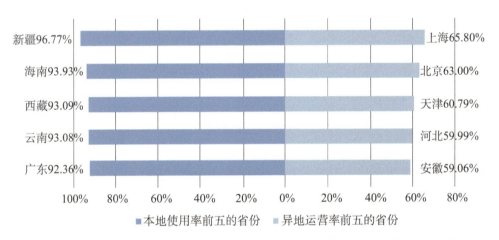

图 2-25　2020年异地营运率与本地使用率前五的省（区、市）

此外，2020年我国各直辖市所属的公路货运车辆异地营运率也表现出一定的波动。其中北京、上海、天津的货运车辆异地营运率的波动情况基本一致，重庆市货运车辆异地营运率明显低于其他3个直辖市，并且在全年波动基本相似的基础上也存在一定差异，尤其在主要节假日期间，车辆异地营运率出现了异于常日的明显波动（图2-26）。

我国各地区主要代表省（区、市）异地营运率的波动产生显著差异。部分省（区、市）货运车辆异地营运率呈现相似的波动，广东省货运车辆异地营运率的波动明显区别于其他代表省（区、市），湖北省公路货运车辆在 1 月 23 日开始其异地营运率骤跌，并在疫情发展后期（3 月 26 日~5 月 31 日）其异地营运率恢复至相对稳定水平。在主要节假日期间多数代表省（区、市）异地营运率都有明显上升（图 2-27）。

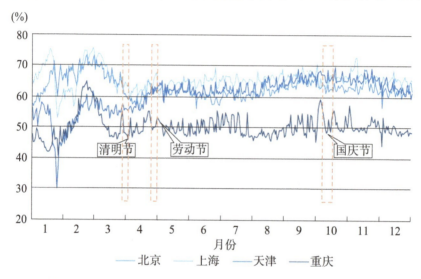

图 2-26　2020 年直辖市分日异地营运率变化情况

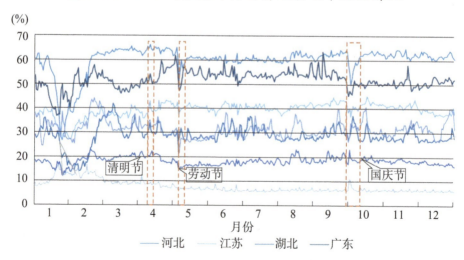

图 2-27　2020 年全国各地区代表性省（区、市）分日异地营运率变化情况

2020年，我国公路货运车辆车籍混合度❶呈现西高东低的总体态势，并且由东南向西北逐渐升高。其中，西北地区车籍混合度最高，均值为46.99%；东北区域较低，均值为25.58%（图2-28）。

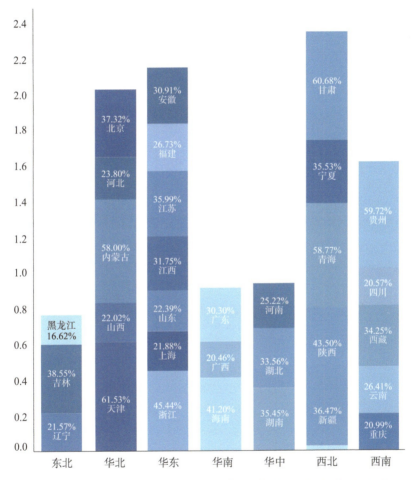

图2-28　2020年各省（区、市）车籍混合度空间分布

从全国各省（区、市）的具体情况来看，车籍混合度最高的前五个省（区、市）为天津（61.53%）、甘肃（60.68%）、贵州（59.72%）、

---

❶　车籍混合度：在本地运行的外地籍贯车辆占本地活动总车辆的比例。

青海（58.77%）、内蒙古自治区（58.00%）；而车籍混合度较低的5个省（区、市）分别为辽宁(21.57%)、重庆(20.99%)、四川(20.57%)、广西(20.46%)、黑龙江(16.62%)，车籍混合度均值为20.04%，这反映出上述省（区、市）内的货运车辆主要从事本省（区、市）的车辆运输生产活动，外地货运车辆较少（图2-29）。

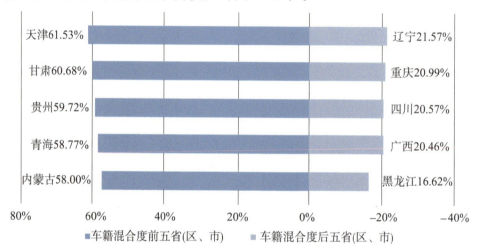

图2-29　2020年车籍混合度前五与后五省（区、市）

第三节　运输结构

1. 运力结构

2020年，我国货运车辆在构成类型多样的基础上，运力结构持续优化。牵引车成为公路货运行业的主要运输力量，其占比高达51.45%，远超其余种类车型。作为国家基础建设投资的晴雨表❶，牵引

---

❶ 舜世通.2020年度中国公路货运行业运行情况发展趋势分析[R/OL].(2021-08-19)[2021-12-01]. https://www.sohu.com/a/484303790_120697884.

车在行业中的运力构成可直接反映公路货运行业在基础建设中的活力；其次，自卸式货车与仓栅式货运车辆也占较大比例，分别为17.21%、10.54%；而罐式、平板式、车辆运输车、专项作业车、集装箱、封闭货车等多种货运车辆的占比均不足1%（图2-30）。

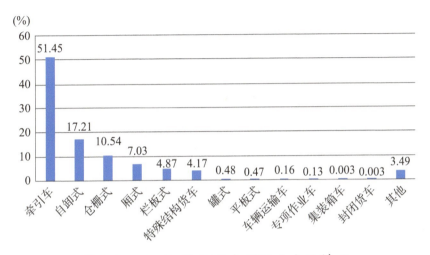

图2-30 2020年不同车型运力占比情况

各省（区、市）的运力构成车型稍有差异，各省（区、市）的前六种车型分别由8种车型构成。其中，有9个省（区、市）牵引车占比超过60%，内蒙古自治区牵引车型占比最高，达77.44%；西藏自治区、云南省、贵州省、重庆市等地货运车辆结构以自卸式货车为主，西藏自治区最高，占60.55%（图2-31）。

不同车龄的车辆能代表该车辆使用年限长短。从各种车型在不同车龄区间的占比中看（图2-32），车辆运输车车龄在3年内的占比达到了94.84%，居各类车型之首，说明车辆运输车在近几年增长迅猛，而栏板式车辆、专项作业车辆车龄在5年以上的占比均超过了20%，这两种车型"旧"车辆数量较多，更新速度较慢。

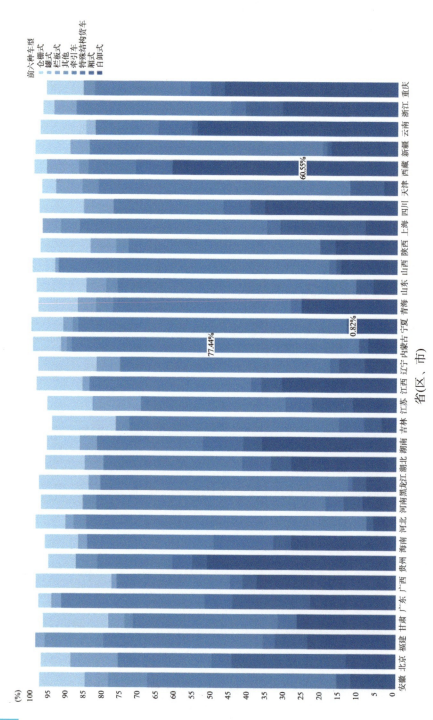

图2-31 2020年不同省（区、市）前六种车型运力占比情况

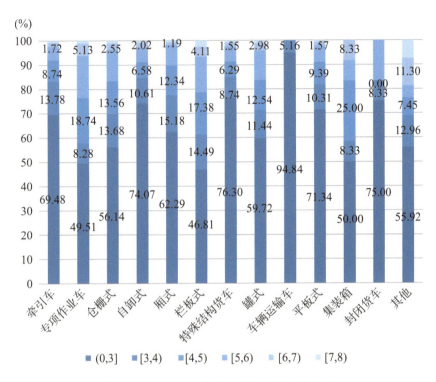

图 2-32　2020 年不同车型车龄占比

将不同车型的总营运里程、额定载质量及活跃车辆数进行对比发现，这 3 个指标占比中，牵引车远高于其他车型，承担了货运活动的主要份额；其次是自卸式货车与仓栅式货车，相较于其他车型，这几类车型进行货运生产活动的活跃度较为显著；而车辆运输车、集装箱车辆、平板式车辆、封闭货车等车型承担的货运活动相对较少（图 2-33）。

2. 道路结构

对货运车辆使用不同道路类型进行货运生产活动的总里程及运行时间进行分析发现，各种道路类型承担的货运活动有明显分别，其中高速公路运输占显著优势。货运车辆使用高速公路运输的运行时间占所有运输道路类型运行时间的35.23%，与此同时完成了47.11%的运输里程，生产效率明显高于其他道路类型。货运车辆在国道、省道、县道行驶的运行时间占比均大于在其上的行驶里程，说明货运车辆在国道、省道、县道上进行运输生产活动时的效率还有进一步的提升空间（图2-34）。

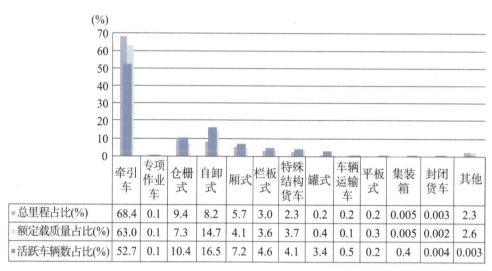

图2-33　2020年不同车型总里程、额定载质量、活跃车辆数占比情况

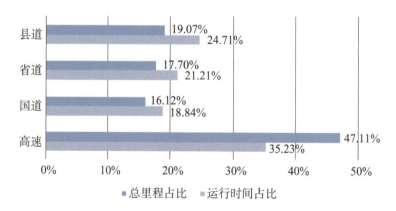

图2-34　2020年不同道路类型总里程及运行时间占比情况

3. 时间结构

2020年货运车辆的高速、中速、低速运营时长分别占总运营时长的17%、14.46%、20.36%，合计占总营运时长51.82%；停止运营时长所占比例较大，达48.18%，货运车辆在营运过程中仍有较大程度的可利用空间以进一步提升运输生产效率、充分利用运输生产资源、减少浪费（图2-35）。

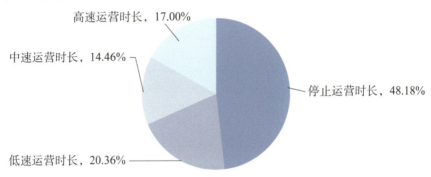

图2-35　2020年货运车辆不同速度运营时长占比情况

2020年全国不同车型的总运营时长中，牵引车占比最高，达54.05%，自卸式货车车辆次之，占比为16.51%，集装箱车辆、封闭货车的总运营时长占比最少，分别为0.004%、0.003%（图2-36）。

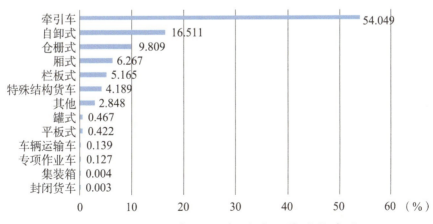

图2-36　2020年不同车型总运营时长占比

另外，不同货运车辆车型在途运营时长有显著差异。其中，自卸式货车、平板式货车、专项作业货车、特殊结构货车均有超过80%的运营时间都在以低速运营，而车辆运输货车、封闭货车、厢式货车均有超过25%的时间在以高速进行运输活动，其中，车辆运输车的高速运营占比高达51.08%，占各类车型高速运营时长占比之首（图2-37）。

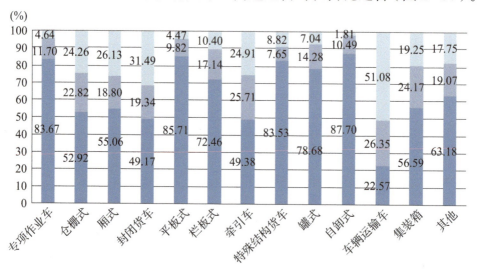

图2-37　2020年不同车型不同速度运营时长占比

第四节　运输效率

1. 行驶里程

为进一步了解我国公路货运车辆在运输生产活动中的效率水平，本节重点分析了货运车辆的运营里程，以日为时间单元、当日活跃车辆数为统计基础，分别计算了实际营运车辆的分月日均行驶里程数、不同类型车辆、不同省（区、市）车辆的日均里程数以及运距分布情况；

并以月份为时间单元、以车辆数为统计基础，分月统计了车辆月均营运里程水平（图2-38）。

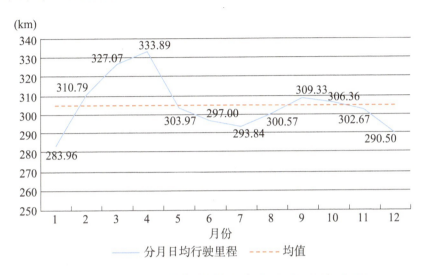

图2-38　2020年全国货运车辆分月日均里程

从日均营运里程上看，2020我国货运车辆的日均营运里程最低水平为283km左右，最高则可达到333km左右，全年平均水平为305km，整体变化不大。其中上半年不同月份车辆的日均营运里程有所差异。1月车辆的日均营运里程处于全年最低值，并且1~4月呈稳定增长态势，4月达到全年的峰值水平，随后下降到平均水平，并趋于稳定，各月份日均里程围绕300km上下。

对不同车辆类型2020年全年的日均行驶里程进行统计分析（图2-39）。结果显示，所分析的13类货运车辆中，不同车型车辆日均行驶里程差别较大。尤为明显的是车辆运输车日均营运里程达到500km，远超其他类型车辆，封闭货车、集装箱以及牵引车的日均营运里程均在300km以上，也处于较高水平，而专项作业车日均营运里程仅为125km左右，在所有类型的车辆中处于最低水平，不仅如此，平板车以及自卸式货车等日均营运里程均在150km以内，处于较低水平。此外，处于较高水平的几类货运车辆中不同类型车辆的日均营运里程差别也较大。

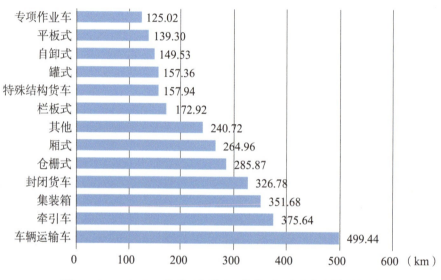

图2-39　2020年全国货运车辆分车型日均里程

为探究地域对运输效率的影响，本节还分析了2020年全国不同车籍地货运车辆的日均行驶里程（图2-40），结果表明，多数省（区、市）的货运车辆平均营运里程均大于250km，且该类省（区、市）多分布于我国东北部、中西部地区，如吉林省、山西省。而地处西南以及高原地区的省（区、市）如云南省、西藏自治区，营运里程数均小于200km，这意味着目前地理环境、路况条件等因素对于货运车辆的行驶会有一个比较明显的影响。

除了对于日均营运里程的分析，本节还对2020年各月份的平均营运里程进行统计分析（图2-41），整体上看，全年月度车均行驶里程均值超过3205km，且季节性波动较小，多数月份月度车均里程超过3205km。从时序角度看，受春节假期和疫情影响，货运车辆月度车均行驶里程数在1、2月份呈较低水平,2月份达到年度最低值(1807.6km),3月份开始恢复正常并趋于稳定,但总体较2019年明显下降。

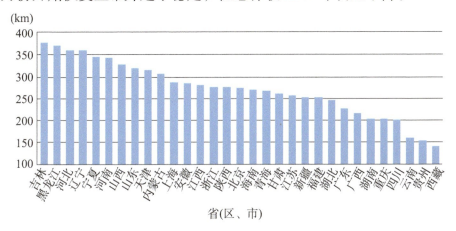

图2-40　2020年全国各省(区、市)货运车辆日均里程

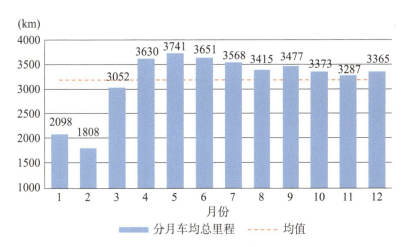

图2-41　2020年全国货运车辆月度车均里程变化情况

对货运车辆日均行驶距离分布情况进行区间统计分析(图2-42),从营运里程区间分布角度探讨分析我国2020年货运运输结构,结果显示,车辆行驶距离结构差异明显,多数车辆日均行驶里程在500km以下。2020年,公路货运车辆日均行驶里程在200km以下的车辆约占

44.32%，即近半数货运车辆进行短距离运输活动；200~500km 的中长距离运输车辆占比约为 37.06%；500~1000km 长距离运输车辆占比较少，约为 16.20%；而日均 1000km 以上超长距离运输车辆占比最低，仅为 2.42%。同时，与 2019 年相比，2020 年货运长距离车辆占比有所增多，短距离运输车辆占比减少，反映出受综合运输体系建设、行业政策调整等因素影响，公路货运运输结构处于不断调整变化当中。

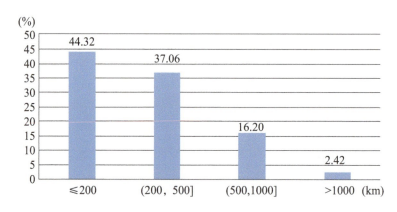

图 2-42　2020 年全国货运车辆日均里程累计分布情况

2. 行驶时长

除行驶里程外，车辆的行驶时长也是探究运输效率的一个重要维度。为有效分析公路货运车辆的行驶时长表现，本节以月份为时间单元、以车辆数为统计基础，分月、日两个维度计算货运车辆行驶时长指标。

通过对日均营运时长的分析（图 2-43），整体上看，2020 年货运车辆日均营运时长最低值为 6.45h，最高值为 7.34h，平均值为 7h 左右，公路货运车辆各月份日均行驶时长并无明显差异。从时序角度看，受春节和疫情影响，2月份车辆日均营运时长处于最低水平，并出现间断性的增长趋势，在 9 月份达到峰值水平。

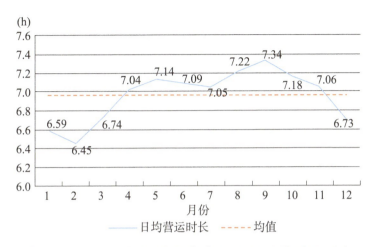

图 2-43　2020 年全国重载车辆分月日均营运时长

其次，本节分析了全国重载车辆各月份的总营运时长（图 2-44），整体上看，2020 年全国货运车辆月均营运时长为 73h，公路货运车辆月度行驶时长总体稳定，不同月份间存在小范围浮动。其中受春节假期和疫情影响，2 月份车辆月度营运时长最低，为 36.64h，并在 2~5 月呈现明显的增长趋势，在 5 月增长至峰值水平 87.96h，并开始趋于稳定，发展趋势与日均营运时长大体一致。除此之外，受到疫情的影响，2020 年货运车辆各月份营运时长同 2019 年相比有明显降低。

为了探究不同车辆在营运时长上的差异，按照车辆类型对日均行驶时长的指标进行统计分析（图 2-45），结果显示，不同车型货运车辆的平均行驶时长差距较大。其中，车辆运输车日均行驶时长为 8.5h，为最高值，其次，牵引车和集装箱分别为 7.45h 和 7.72h，同样处于较高水平。而专项作业车与栏板式日均行驶时长分别为 4.19h、4.40h，在所有类型车辆中处于最低水平；其余车型车辆行驶时长平均为 5.7h。可以发现，不同类型车辆在行驶时长上的分布情况与在行驶里程上的分布基本一致，该结果也表明当前我国不同类型货运车辆呈现较为显著的运输服务表现差异,"专车专用"趋势较为明显。

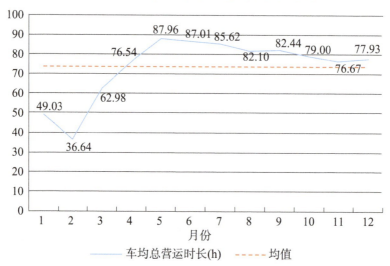

图 2-44　2020 年全国货运车辆月均营运时长

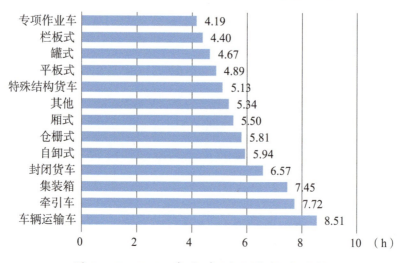

图 2-45　2020 年分车型日均行驶时长

3. 行驶速度

行驶速度是影响运输效率的一个重要因素,因此本节重点分析了货运车辆行驶速度相关的指标,以日为时间单元、当日活跃车辆数为统计基础，分别计算了实际营运车辆每月的日均行驶速度、不同车辆类型、不同道路的日均行驶速度，并统计分析了全国以及高速道路车辆的速度分布情况。

本节首先分析了全国货运车辆每月的日均行驶速度（图2-46），结果显示，2020年全国公路货运车辆日均行驶速度整体在38~44km/h之间，全年平均速度约为40.5km/h，从时序角度看，2020年上半年日均行驶速度有明显波动，1~3月呈上升趋势，在3月份到达峰值（44.09km/h，随后下降至39km/h左右并趋于稳定，而下半年各月份车辆行驶速度水平差异不大，无大幅度波动。

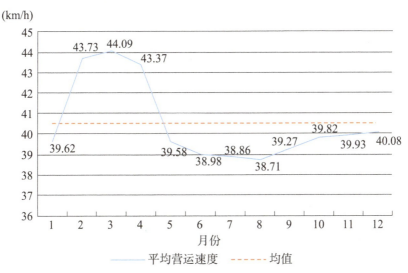

图2-46　2020年各月份全国货运车辆平均营运速度情况

车辆的驾驶速度通常会受到照明条件以及道路状况的影响，白天道路照明状况良好但通常道路上车辆较多，夜晚则相反。因此，为了探究白天和夜间对于驾驶速度的影响，统计分析我国公路货运车辆各月份白天和夜间平均行驶速度（图2-47）。结果显示，2020年，我国公路货运车辆夜间营运速度在全年范围内均高于白天，其中各月份夜间的最高平均速度为49.86km/h，最低为44.36km/h，白天的最高平均速度为46.59km/h，最低为41.22km/h，白天和夜间均值分别为42km/h和46km/h左右，总体差距不大。除此之外各月份白天和夜间平均行驶速度变化趋势基本一致，无异常波动，且各月份白天和夜间平均速度整体趋势与月均平均速度一致。

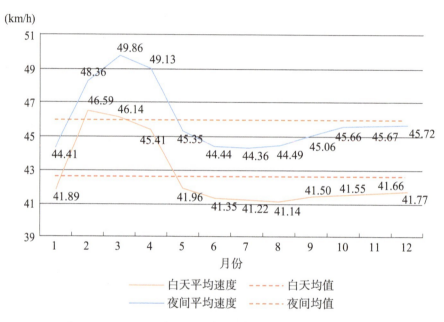

图2-47 2020年全国货运车辆分月白天和夜间平均营运速度变化情况

与行驶里程和行驶时长相似，2020年我国不同类型的货运车辆平均运行速度也存在较为明显的差异（图2-48）。其中车辆运输车的平均行驶速度最高，约为55km/h，除此之外，封闭货车、仓栅车、牵引车的平均运行速度也处于较高水平，而平板车、自卸式货车与特殊结构货车等车型平均运行速度较低，其中自卸式货车仅为25.34km/h，处于最低水平，这也进一步体现了我国"专车专用"的现状。

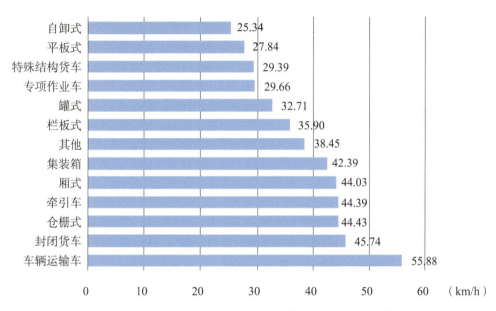

图 2-48　2020 年全国货运车辆分车型平均营运速度情况

通过对货运车辆日均行驶速度区间分布情况的统计分析（图 2-49），在我国目前公路货运车辆中，90% 以上的车辆平均运行速度介于 20~80km/h 之间。其中，速度位于 20~50km/h 区间范围内的车辆占比 64.44%，速度在 80km/h 以上车辆占比不足 1%。

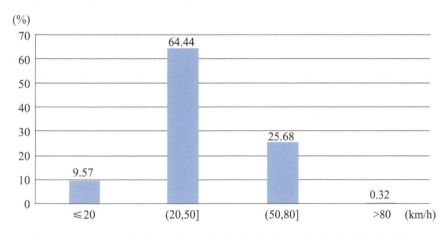

图 2-49　2020 年全国货运车辆平均营运速度累计分布情况

依据我国交通法规，不同道路类型中车辆行驶速度存在不同限制。因此，针对不同道路类型中车辆的平均行驶速度进行了系统统计（图2-50），并重点分析了高速公路上车辆速度区间的分布情况（图2-51）。分析结果显示，2020年我国公路货运车辆高速公路运行效率远高于其他道路类型，车辆平均行驶速度约为67.98km/h，在高速公路行驶速度区间分布的统计结果显示，87%左右的货运车辆平均行驶速度集中于60~90km/h之间，仅有0.22%高于90km/h。而国道、省道与县道平均行驶速度接近，分布在40km/h左右。因此，提高干线道路上车辆运行速度，是提高运输活动效率的重要着力点。

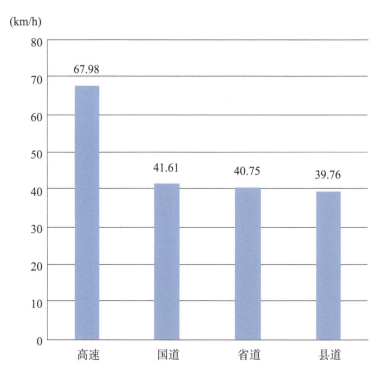

图2-50　2020年分道路类型的货运车辆平均营运速度

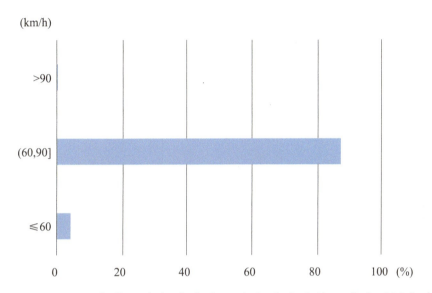

图 2-51　2020 年货运车辆在高速公路上的平均营运速度区间分布

第五节　运输安全

1. 车辆超速行为

本章内容基于平台记录的车辆超速行为提醒次数进行货运车辆行驶安全状况分析（图 2-52）。从全国范围货运车辆月度超速提醒次数占比来看，2020 年全国货运车辆超速行为较去年有所增加，提醒次数总体呈上升趋势。2020 年月均车辆超速提醒次数占比为 8.33%。在 2020 年上半年，尤其是 2 月，受疫情影响进行运输活动的车辆骤减，因此车辆超速提醒次数占比达到全年最低，仅占 1.79%。随着全国复工复产的开展，进行运输活动的车辆逐渐恢复运营，5 月以后（除 8 月）车辆月度超速提醒次数占比均在 10% 以上。

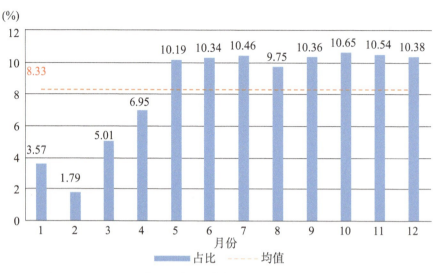

图 2-52 2020 年月度超速提醒次数占比及年度均值

与去年同期相比，2020 年货运车辆超速提醒行为在 5 ~ 12 月占比较高，2019 年与 2020 年两年的月度超速提醒次数占比趋势呈现相反的态势，反映出疫情对我国货运市场有较大的影响及货运车辆行驶安全监管的重要性（图 2-53）。

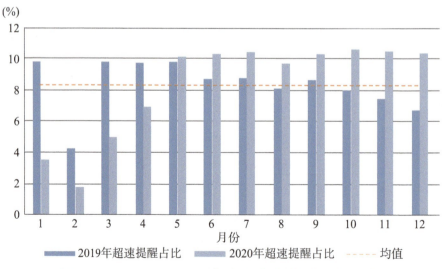

图 2-53 2019、2020 年月度超速提醒次数对比

从超速提醒行为发生的地域分布来看，长时间行驶行为呈现明显分布不均匀的态势，区域特征差异显著。超速提醒行为主要发生在内蒙古自治区、长三角、珠三角、新疆维吾尔自治区等地区；而西南与西北多数地区的货运车辆日均超速提醒发生次数处于较低水平；中部地区处于中等偏上的水平（图2-54）。

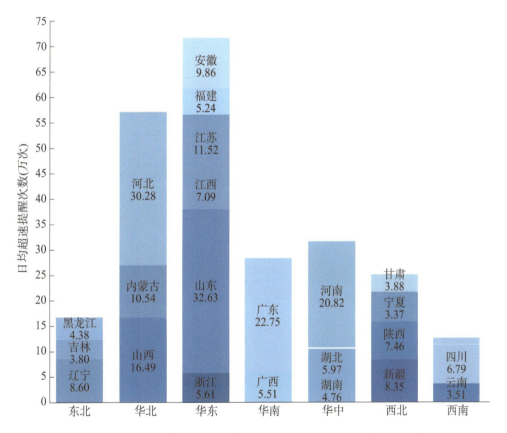

图2-54　2020年全国各省（区、市）日均超速提醒次数

从全国单车超速提醒反映的行为变化角度看，2020年全年除了6月与12月以外，公路货运车辆在全年当中其单车日均超速提醒次数总体呈现波动上升趋势，全年均值约为8.63次/日。同时，与货运活

动总体规模波动情况一致,超速水平受季节和天气等因素影响较为明显(图 2-55)。

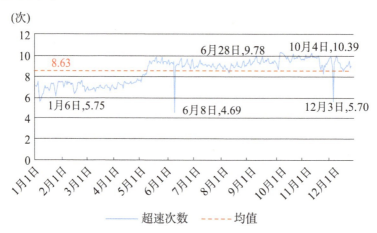

图 2-55　2020 年全国单车日均超速提醒次数及均值

从全国各道路类型超速行驶提醒所反映的行为规模和结构来看(图 2-56),全国各类型道路上的货运车辆超速提醒规模较为均衡,这与去年相比有较大变化,高速超速提醒次数较去年有明显下降(去年高速提醒次数占比为 75%)。

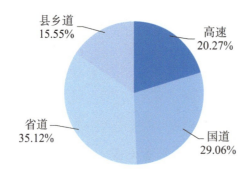

图 2-56　2020 年全国各类型道路货运行驶超速提醒次数占比

2020 年全国各类型车辆的超速行为也存在显著差异。牵引车辆超速行为较为突出,单日超速提醒次数达到 8.78 次,车辆运输车、专项作业车的单日车均超速提醒次数相对较少，均在3次以下。各类车型的单日车均超速提醒次数均值为4.31次（图2-57）。

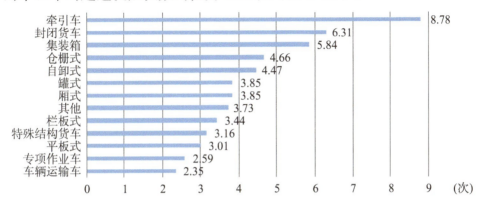

图2-57　2020年全国各类车型单日车均超速提醒次数

2. 车辆长时间驾驶行为

对2020年全国范围内货运车辆月度长时间驾驶提醒次数进行分析（图2-58），结果显示，除受春节及疫情影响外，全年中虽然局部有小幅波动，但总体较为稳定，相比去年有明显增长。2月份车辆长时间驾驶提醒次数最低，占全年车辆长时间驾驶提醒总规模的2.93%，4月、12月的车辆长时间驾驶行为发生次数占比较高，分别为9.87%、10.35%。

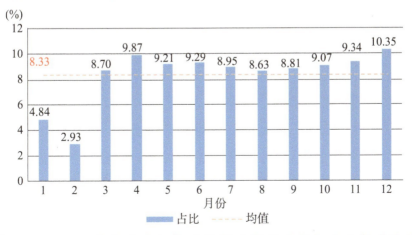

图2-58　2020年分月车辆长时间驾驶提醒次数占比及年度均值

与去年同期进行对比，车辆长时间驾驶提醒次数在1～3月显著低于去年，在4～8月与去年同期水平基本持平，9～12月又明显高于去年水平（图2-59）。

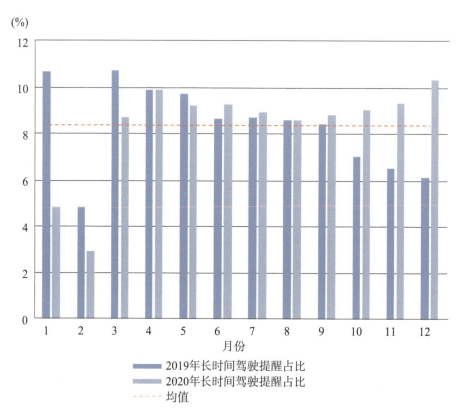

图2-59　2019、2020年分月长时间驾驶提醒次数对比

从长时间驾驶行为发生的地域分布来看（图2-60），长时间驾驶行为呈现明显不均匀的态势，区域特征差异显著。长时间驾驶行为主要发生在内蒙古自治区、中东部及沿海城市；而西南与西北地区的货运车辆日均长时间驾驶提醒次数现象发生较少；中部地区处于中等偏好的区间。这都反映了货运生产活动的安全运行状况。

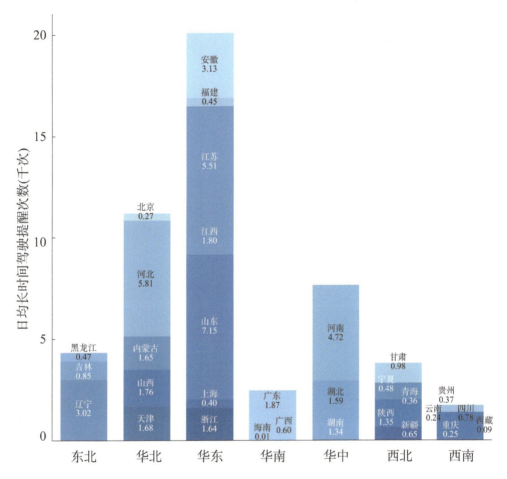

图 2-60 2020 年全国各省（区、市）日均长时间驾驶提醒次数

对全国各省（区、市）的月均超速提醒次数、超时驾驶提醒次数及货运流量进行综合分析得出，山东、河北、河南三个货运大省，整体货运量较高，超速与疲劳驾驶提醒次数也都远超均值，两种危险的驾驶行为都十分显著。而广东、山西超速行为更需关注，江苏、安徽、辽宁则疲劳驾驶行为发生次数较高（图 2-61）。

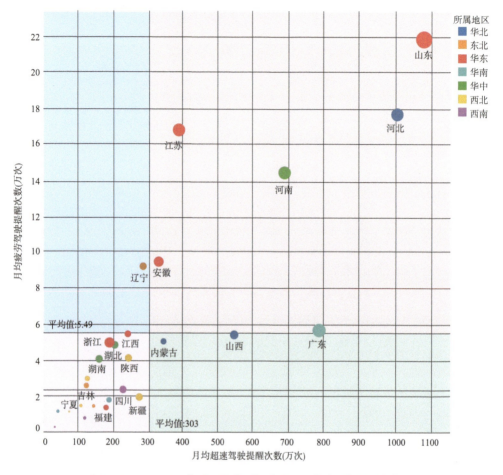

图 2-61 2020 年全国各省（区、市）月均超速、
疲劳驾驶提醒次数、货运流量

从不同车型的长时间驾驶行为角度来看，2020 年全国各类车型单日车均长时间驾驶提醒次数依旧存在明显差异。其中，值得注意的是，牵引车不仅单日车均超速提醒次数最高，长时间驾驶行为提醒次数也同样最高，达到 0.115 次。专项作业车、罐式车、平板式货车、自卸式货车车辆的驾驶行为较好，这几类公路货运车辆的单日车均长时间驾驶提醒次数均未超过 0.01 次。各车型单日车均长时间驾驶提醒次数均

值为 0.041 次（图 2-62）。

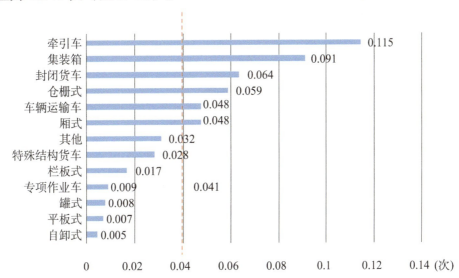

图 2-62　2020 年全国各类车型单日车均长时间驾驶行为提醒次数

2020 年我国骨干通道网络不断完善，货运集聚效应日益凸显。运输服务能力不断增强。高速公路优势有所突出，车辆运行效率不断提高，道路货物运输更加畅通高效。公路运输在综合运输体系中仍稳占主体地位。

第三章 从业人员与企业

为全面反映我国公路货运基础构成，了解从业人员和企业的规模特征及发展现状，本章内容基于"中交兴路货运大数据平台"中的行业从业人员与企业数据分别从货运从业人员规模、货运企业规模、货运从业人员特征及企业分布生态等方面对我国公路货运行业的基础构成和发展现状进行相关分析总结。

第一节 人员与企业规模

1. 人员规模

近年来电商等行业兴起促进了我国公路货运行业的发展，扩大了我国对于货运从业人员的需求，而公路货运从业人员状况不仅关系到行业发展与经济运行，而且与民生福祉和社会稳定息息相关。为进一步反映我国公路货运车主现状及结构，本节基于中交兴路大数据服务平台提供的货运从业人员数据，统计分析了我国约110万的货运车主（图3-1）。结果显示，截至2020年12月，我国货运车辆拥有量为1辆的货运车主占93%左右，且99.7%的货运车主货车拥有量低于5辆。车主分布规模集中度较低，个人拥有车辆数较多的人群占比极小（拥有车辆数大于5辆的人员所拥有的车辆数总和仅占全部车辆数的2.88%左右），而车辆拥有数为1辆的人员所拥有的车辆数总和占全部车辆数83%。不仅如此，根据《2020年货车驾驶员从业状况调查报告》显示，其中有超过一半的车辆目前还在偿还贷款，仅有17%的货车驾驶员所驾驶的车辆是属于受雇企业或车队所有，这意味着我国大部分车主驾驶的车辆都是自有车辆，个体经营的现象较为普遍，且还贷营运的占比较大，车主负担大。除此之外，行业整体结构分散，并以个体呈现小私有者的运作方式，车主存在"散、小、乱"的局面。而且这种方式使得他们不具备和专业运输公司以及车队竞争的实力，这也是直接导致大量公路车主货难找、运费难结等现状的原因之一；加之各种高昂的车辆通行费用以及各类型罚款，个体车主的支付成本与日俱增。个体运作的方式也造成了行业内货车驾驶员工作强度高、流动性大、不确定性高、难以承受市场行情变化所带来的各种冲击等困境。

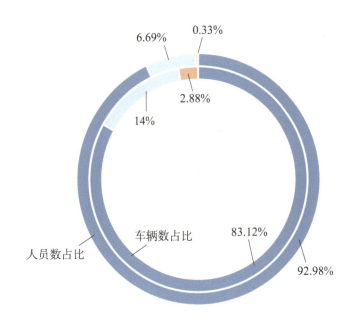

图 3-1 货运车主拥有车量数情况

2. 企业规模

当前我国公路货运行业处在成熟稳定期，公路运输是货运行业最主要的运输方式，占整个货运行业70%以上的活动规模。公路货运企业是国民经济一个重要的物质生产部门。近年来我国公路货运企业呈逐年增长态势，公路货运发展稳中向好，需求旺盛，货运组织结构也得到了优化。其中，公路货运企业主要有全民所有制、集体所有制和个体经营三大类。除此之外，各种形式的中外合营货运企业近年来也不断涌现。从企业营运范围来分，有城市货运企业（主要在一个城市区域内经营货物运输业务）、公路货运企业（主要在一定区域内的城市之间经营货物运输业务）及一些汽车货物运输企业[这类企业没有固定的营运范围，而是根据社会需要进行跨地区、跨省（区、市）经营运输业务]。

为进一步了解我国货运企业的结构和发展现状，本节内容基于中交兴路货运大数据平台提供的货运企业数据，分析了我国约46万家公路货运企业（图3-2）。数据显示，这些企业共拥有约350万辆货运车辆，平均每家企业拥有货车7.6辆，其中大多数企业规模相对较小，超过一半的企业货车拥有量仅为1辆，84%的企业货车拥有量低于10辆，而货车拥有量超过100辆的企业仅占0.8%，行业内仍然存在集约化程度低以及"小、散、乱"等痛点。值得注意的是，尽管货车拥有量小于10辆的企业占全国货运企业数量的84%，但其拥有的车辆数总和仅占全国货运车辆数的18%，而拥有车辆数超过10辆的企业虽然仅占16%，但这些企业拥有的货车数量总和占全国货运车辆的82%，数据表明尽管我国公路货运行业市场整体仍呈现企业数量多、企业规模小、组织结构分散、企业实力较弱等特征，但公路货运行业集中程度以及产业的组织化水平正在逐步提高，我国公路货运的大部分运力掌握在中等规模企业手中。我国公路货运行业正在从积累阶段向集中阶段发展,市场集中程度逐渐增加。货运行业及企业的规模化、集约化将有利于建立货运网络体系、提高运输工具效率、节约运力与能源、提升货运枢纽效率。

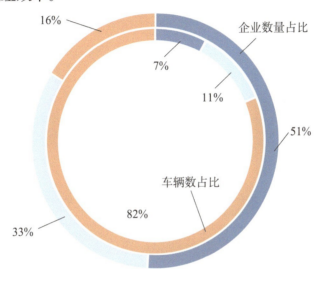

图 3-2 货运企业拥有车辆数情况

第二节 从业人员特征

1. 从业人员基本特征

公路货运是综合运输体系的重要组成部分,是国家物流系统主要的依托载体,也是经济社会重要的基础性服务业。2000多万货车驾驶员是运输行业规模最大的从业群体,货车驾驶员从业状况关系着行业发展和经济运行,也连接着民生福祉和社会稳定。统计数据显示

（图3-3），目前，全国货运车辆驾驶员籍贯分布特征与车辆籍贯分布呈现高度一致，全国货运车辆驾驶员主要来自河北省（25.99%）、陕西省（22.5%）、河南省（11.63%）、山东省（11.38%）。这四个省由于交通区位优势明显，货车保有量及货车驾驶员人数均在全国前列，占全国货运车辆驾驶员的71.5%，其余27个省（区、市）驾驶员占比仅有28.5%。

图3-3 从业人员籍贯与男女人数分布图

目前，国内公路货运从业人员以男性为主，驾驶员中女性占比仅有3.56%，而男性占比高达96.44%，货车驾驶员作为男性职业的特征较为明显。在年龄方面，驾驶员平均年龄为38.85周岁。货车驾驶员年龄总体偏大，年龄主要集中在35～40岁之间，其次为40～45岁，年龄区间为20～25岁的人数最少（图3-4）。

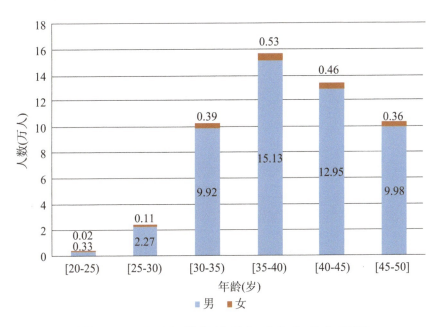

图3-4 从业人员年龄段与男女人数分布图

对从业人员年龄进行细分可以看出，年龄为39岁的驾驶员最多，人数占比高达6.8%，38岁驾驶员人数占比紧随其后，为6.11%，年龄为20～25岁的驾驶员人数占比总和仅有1.09%（图3-5）。货车驾驶员劳动强度大，从业环境差，社会地位低等因素使得"90后"与"00后"群体对货车驾驶员职业望而却步，形成了明显的年龄断层。将来"70后"货车驾驶员逐渐退休，年龄断层问题将会更加严重。

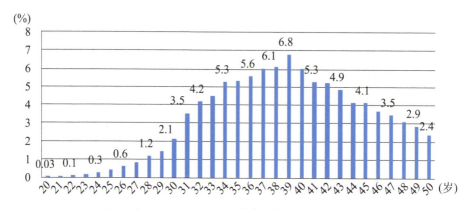

图 3-5　从业人员年龄细分占比

货车驾驶员以农村户籍为主，占比为 84.6%，城镇户口驾驶员占比仅有 15.4%。且货车驾驶员是低学历从业者重要的就业渠道，调查结果显示，货车驾驶员总体学历较低，文化水平以初中及以下为主，占比为 67.7%。学历为本科及以上的驾驶员仅占 0.6%（图 3-6）。

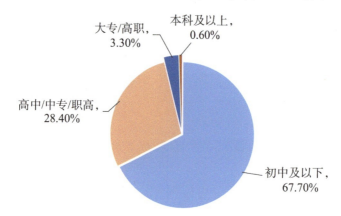

图 3-6　从业人员文化水平分布占比

随着车辆大型化的发展趋势，持有 A2 驾驶证的货车驾驶员逐渐成为主流。目前，A2 驾驶证持有人数占比高达 61.5%，位居第一；其次为 B2 类型驾驶证，占比达 26.9%；持有 C 类驾驶证的货车驾驶员最少，仅占 7.2%（图 3-7）。目前，A2 驾驶证需要在获得 B2 驾驶证基础上增驾，无法直接报考申领，且实习期驾驶的机动车不得为牵引车。货运行业难以吸引年轻人从业的重要原因之一即为 A2 驾驶证取证时间较长，难度较大。

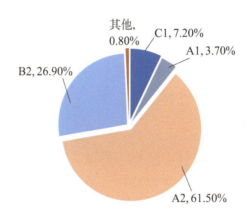

图 3-7　从业人员驾驶证类型分布占比❶

2. 从业人员发展

当前我国货运业运能相对过剩，组织化、集约化水平较低，货车驾驶员劳动强度大、职业地位低。随着大部分"70 后卡友"逐渐退出货车驾驶员行列，而"90 后"年轻人不愿再从事货车运输，货车驾驶员数量缺口非常严重。20 世纪 80 年代，货车驾驶员走南闯北，报酬丰厚。而近年来货车驾驶员收入越发不稳定。由于长年在车上久坐，缺乏锻炼，很多货车驾驶员都患有脊椎病、胃病等。这些问题制约着行业转型升级。公路货运行业为货运基础性服务行业，可以从以下几个方面去改善：改善公路行车住宿条件；强化从业人员社会保障；加强货车驾驶员职业教育；发挥工会和行业协会作用。

---

❶ 参考《2021 年货车驾驶员从业状况调查报告》。

第三节 企业分布生态

1. 货运企业分布

物流企业生态圈对传统的货运市场有着至深至远的影响。物流企业生态圈是采用"物流+信息技术+金融"的模式，基于共享经济的理念，广泛联合货运企业内外的力量，进行协作和资源的共享，从而达到集约效益，有利于促进整个生态圈内企业的发展，将货运物业经济走向流量经济。

货运企业在全国范围内仍有较大枢纽开发空间。全国范围内货运企业东西部分布差异明显，主要集中于东部沿海地区。江苏省的货运企业分布位居全国首位，占据全国15.45%。其次广东省与山东省的货运企业分布数量位居全国第二、第三，分别占据全国9.42%、9.06%（图3-8）。我国货运行业生态正在发生巨变，物流企业生态分布将会涌现诸多新业态。

2. 货运企业生态现状

中国物流企业生态正在悄悄地发生重大变化，在绿色发展的时代潮流中，物流行业一直将企业生态文明建设放在突出地位，把"绿水青山就是金山银山"的理念落实在行动上。

创新是提高物流企业市场竞争力、增强企业生命力的重要引擎。而在大数据、云计算、人工智能、区块链等技术快速崛起的同时，为物流企业赋能就成为培养创新力的重点。赋能是物流企业通过提升被赋能的能力，直接增强赋能物流企业生态系统的竞争优势，从而增强创新力，更好地服务于货运物流企业生态。

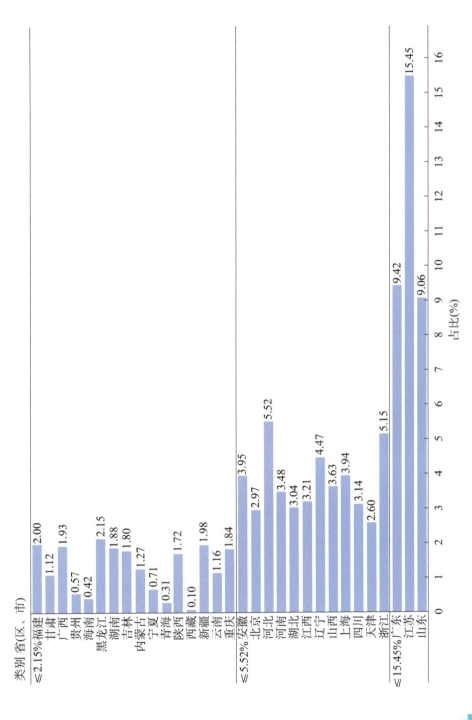

图 3-8 货运企业所在地分布图

随着物流企业生态的不断建设，从传统货运向智慧货运转型迫在眉睫。网络货运平台的存在整合了大量的零散车源和货源，结合多式联运、甩挂运输模式，众多货运企业向集约化和规模化发展成为可能。

各企业应携手共进，搭建网络平台，助力货运生态建设，实现降本增效。货运企业生态各要素平衡的关键在于有核心货运企业牵头，构建物流货运生态的关键在于平衡，完善货运生态的过程，就是货运运作过程中各要素互动衔接平衡发展的过程。比如建立共享基础设施等。

货运企业生态战略的核心理念就是：开放、共享、连接，实现资源的高效流动和高效利用。基于这一理念，将实现"人、车、货、场"重新有序地组织和分享，极大地提升基础设施和物流资源的使用效率。我国约有1210个物流园区[1]，这些物流园区像散落的珍珠，成为一个又一个的"信息孤岛"，通过货运企业生态建设，将把全国范围的实体企业和物流园区进行全网分享，提高使用效率，降低生产成本。

3. 货运企业生态展望

货运物流业本身也是一个生态系统，如何更好地构建货运企业生态，使得货运企业更好地相互依存、共同繁荣，对于货运企业来讲也是长期生存发展的依托。为了更好地发展货运企业新生态，要坚持以下几点：

（1）要推进物流企业深度融合。不仅是物流货运企业本身，还应包括交通运输业、制造业、流通业、农业、金融业等其他行业。

（2）要构建城乡统筹机构，推进城乡一体化、促进供需互促的现

---

[1] 李静宇.解读货运生态圈——专访传化智联总裁助理李尚青.中国储运，2018(02):44-45.

代化物流企业网络体系。

（3）要从整体上降低货运企业成本，全程货运一体运作。

（4）要货运企业标准顺畅衔接，多种运输方式的对接目前还存在很多不衔接、不配套的问题。

（5）要加强企业后方的市场服务，如车辆的购置、维修、保险等一系列服务，都是货运企业生态系统中最重要的环节。

（6）要优化货运企业监管方式，建立企业诚信体制。需要政府、企业、行业以及社会形成合力，共同维护。

（7）要关爱卡车驾驶员群体，卡车驾驶员是货运行业的"主力军"，他们的劳动理应得到全社会的尊重，如何进一步改善卡车驾驶员的生活条件，提高其荣誉感与归属感，对于货运企业生态还有很多工作要做。

更好地建设货运企业生态系统，需要学校、企业和行业共同努力，推动产学研结合，培育壮大专业物流人才队伍。这是新格局下，建设"新生态"，发展"新物流"的根本保障。

公路货运的巨大市场，正吸引越来越多的资本和创新者。本章从公路货运从业人员以及货运企业的角度分析我国货运企业的发展状况，促进货运生态更好地发展。未来在货运企业生态系统的领导下，这些"人、车、货、场"的资源将被有序的组织和分享，形成一个类似于分布式网络通信的"网状"供应链。企业与企业之间、企业与供应商之间，应该积极探索新的合作模式，打破边界，分工协同，共建货运物流新生态。

第四章　货运车辆

本章内容基于"中交兴路货运大数据平台"以及"福田研究院相关数据"中的车辆数据分别从车辆品牌与市场构成、车辆类型与货运服务、车辆结构与技术类型等方面对我国公路货运行业的车辆构成和发展趋势进行相关分析总结。

第一节　车辆品牌与市场构成

1. 车辆品牌

2019—2020年各品牌货运车辆的销量实现了"稳中有增"。其中，五菱牌货运车辆居于各品牌货车之首；此外，解放牌、福田牌、豪沃牌、长城牌、陕汽牌货运车辆都呈现正增长的趋势（图4-1）。

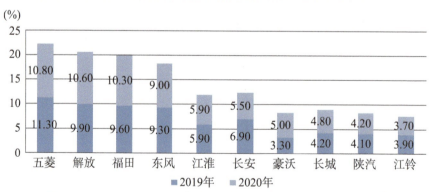

图 4-1　2019—2020年货运车辆销量TOP10品牌❶

---

❶ 巨量算数，威尔森达示数据. 2021年中国商用车市场研究报告 [R/OL].（2021-04-07）[2021-12-01]. https://trendinsight.oceanengine.com/arithmetic-report/detail/286.

2018—2020年我国货运行业入网车辆的品牌结构较为稳定，多数品牌货运车辆在近3年内的入网车辆数占比也较为稳定。其中，重汽牌车辆在2020年有明显增幅。红岩牌、江淮牌、华菱牌等货运车辆在近3年的入网车辆数呈现持续下降。在入网货运车辆中，解放牌车辆的占比最高，其次是东风牌车辆；组成结构占比最少的是斯堪尼亚牌车辆，其近3年的入网车辆结构占比均不足0.2%（图4-2）。

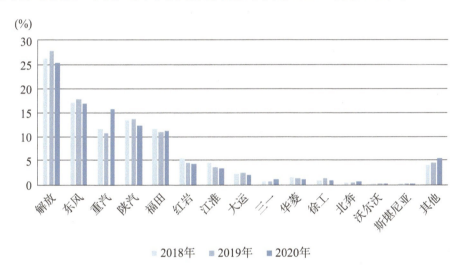

图4-2　2018—2020年入网货运车辆数占比

2020年，行业内各品牌货运车辆同比增长呈现显著差异。各品牌车辆同比有明显增长态势。其中，红岩牌车辆同比增长幅度最大，其次是陕汽牌车辆；而解放牌、乘龙牌车辆同比增长幅度最小，说明行业内这两种品牌的货运车辆已达到相对饱和的状态；其他品牌车辆均有继续增长的空间。行业管理者可根据现有品牌车辆构成情况适度监管并采取相应的措施以防止车辆资源的浪费，充分利用车辆资源（图4-3）。

2. 市场构成

目前货运车辆在行业中仍然占有重要地位。2020年随着我国实施国六政策、加速淘汰国三车辆，并且加强基础设施建设力度，充分推动"新基建"的发展，在这多重因素的影响下，货运车辆的需求得到进一步的上升。在2020年商用车销量中，货运车辆销量占比高达89.08%（图4-4）。

图4-3　2019—2020年货运车辆同比增长情况

图4-4　2020年商用车销量结构❶

我国二线城市和四线城市中的货车份额占比相当，均为24.3%。

---

❶ 平安银行. 货车行业周期及行业格局研究 [R/OL].(2021-06-11)[2021-12-01]. https://www.vzkoo.com/document/07b5bc4c3f76c2ccf77a15cbdf89b372.html.

2019—2020年三线城市货车销量仍居于首位，同比增速第一，为25.21%；其次二线城市与五线城市的货车市场销量增速均在20%以上，分别为23.4%、20.69%。货车市场销量整体呈现上升趋势（图4-5）。

图4-5　2019—2020年各城市级货车市场销量增速

从全国各城市级中对货车市场感兴趣的人群分布来看，三四线城市占比较高，分别为29.5%、22.7%，对货车市场感兴趣的人群分布较为聚集，有较大发展潜力；其余一二五线城市对货车市场的兴趣度较低（图4-6）。

从不同年龄段在进行购车决策时所考虑的因素来看，两代购车人在购车时所关注的因素有一定差异。其中，节油性是两代购车人都会关注的因素，除此之外，父辈购车人会更加关注货车的可靠性与耐用性，同时也会考虑二手车的保值问题；而年轻一辈的购车人会更加关注货车品牌的知名度与车辆的舒适安全性，这成为年轻一辈购车人不同于父辈购车人的新兴考虑因素，购车关注点更具个性化（图4-7）。

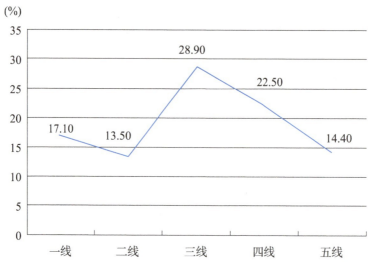

图 4-6　2020 年各城市级货车市场兴趣人群分布

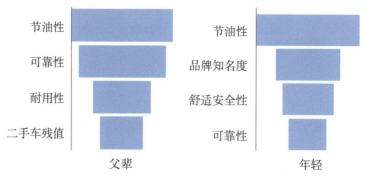

图 4-7　不同年龄购车关注因素❶

第二节　车辆类型与货运服务

1. 车辆类型

随着我国经济社会持续快速发展，车辆保有量保持较快速度增长。

---

❶ 巨量算数，威尔森达示数据. 2021 年中国商用车市场研究报告 [R/OL].（2021-04-07）[2021-12-01]. https://trendinsight.oceanengine.com/arithmetic-report/detail/286.

市场对产品类型及服务质量产生多样化需求，货运车辆类型的结构发生了持续的调整。对 2018—2020 年各车辆类型保有量占比分析可以看出，自 2018—2020 年，牵引式货车在货运车辆类型中长期占据首位，2020 年牵引式货运车辆保有量占据市场 46.6%，相较于 2018 年增长了 3.2%，相较于 2019 年增长了 2.2%。其次自卸式货运车辆在市场上也占据较高的份额，2020 年其占比为 18.8%。相较于 2019 年，自卸式货车车辆保有量增长缓慢，仅增加了 0.2%。然而相较于 2018、2019 年货运车辆保有量，仓栅式与厢式货运车辆保有量呈现下降趋势，相较于 2018 年分别下降了 2.24% 与 0.78%（图 4-8）。

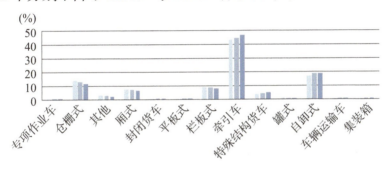

图 4-8　2018—2020 年各类型车辆保有量

分析 2020 年车辆保有量大幅增加的原因，其一是因为随着汽车金融服务的落地，只需首付即可开走新车，购车门槛大幅降低，也在很大程度上刺激了货车销量走高。其二是因为我国的交通运输事业有了很大的发展，有力支撑了经济社会发展。我国的货运车辆保有量将会有一个稳定坚实的长期增长。

随着我国高速公路基础设施建设的不断完善，以及全国经济的快速增长，货运行业在未来有较大的增长空间。由 2019—2020 年各车辆类型同比增长图（图 4-9）可以看出：相较于 2019 年，2020 年的车辆类型同比增长都有所下降。其中车辆运输车的同比增长速度相较于2019年下降最快，下降了60.95%（2019年同比增长了84.55%，2020年同比增长为23.6%）。集装箱的同比增长相较于2019年有所增加，增加了4.59%（2019年同比增长为30.24%，2020年同比增长为34.84%）。

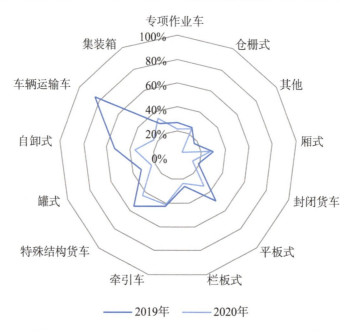

图4-9　2019—2020年各车辆类型同比增长

受我国地形因素，货物运输环境复杂性的影响，牵引式货车使用范围最广，在道路环境复杂的地区自卸式货车应用较为广泛。从2020年各省（区、市）排名第一的新增车辆类型情况分布图（图4-10）来看，我国各省（区、市）采用的车辆类型多为牵引式货车或者自卸式货车，其中绝大部分省（区、市）主要采用的是牵引式货车，仅有6个省（区、市）主要采用自卸式货车，分别为贵州省、湖南省、青海省、云南省、重庆以及西藏自治区。由此看出牵引式货车凭借其成本低、效率高等优点在我国市场上占有很大的优势。

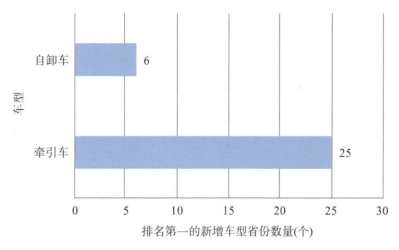

图 4-10　2020 年各省（区、市）排名第一的
新增车辆类型情况分布

当前我国不同类型货运车辆呈现较为显著的运输服务表现差异，"专车专用"趋势较为明显。2020年车辆保有量全年呈上升趋势。对2020年各车型各月份车辆保有量分析可以看出，牵引式货车一年内增长了87万辆左右，牵引货车在12月份时保有量高达310万辆左右，位居货运企业车辆保有量第一。自卸式货车车辆保有量达到了车辆保有量第二，为122万辆左右。自卸式货车保有量快速增长，一年内增长了40万辆左右（图4-11）。

牵引式货车（图4-12）保有量位居全国第一，深受从业人员喜爱，是长途货运领域中最为高效的车型。牵引式货车的出现，使得现代化文化又上升了一个高度。牵引式货车是车头和车箱之间用工具牵引的大型货车或半挂车，也就是该车车头可以脱离原来的车箱而牵引其他的车箱，而车箱也可以脱离原车头被其他的车头所牵引，前面有驱动能力的车头叫牵引车。牵引车的优点大致可以概括为防滑、灵活、工作可靠和平稳四点。市场上主要将牵引车分为全挂牵引车和半挂牵引车两大类。全挂车主要用于工厂、港口、码头、仓库等场区内短距离运输，而半挂车主要用货物长途运输。

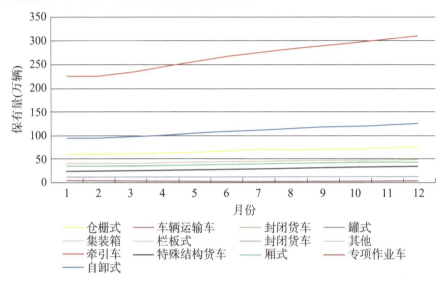

图 4-11　2020 年各车型各月份车辆保有量

图 4-12　牵引式货车

自卸式货车（图 4-13）在我国西部地区应用较为广泛，保有量占据全国第二。自卸式货车是载货汽车的一种，又称翻斗车，其载货部位具有自动倾卸装置。自卸式货车可以在崎岖的道路上运载像砂石和煤炭这类很重的货物。自卸式货车在运输上有其独特的优势，可以节省卸料时间和劳动力，缩短运输周期，提高生产率，降低运输成本。所以越来越多的货主在西部等路段崎岖不平的地区进行运输生产活动时更倾向于选择自卸式货车。

图4-13　自卸式货车

集装箱货车（图4-14）是一种可运载集装箱且专门用于运输的货车，无论是长途运输还是短途运输，集装箱货车都有着较高频率的应用。集装箱货车可以装载的货物类型众多，一般可以运输食品、服装、小型的器械等，另外海产品也需要这种货车运输。集装箱本身的特点，使得货物在运输当中的损坏率大大降低，对于长途运输来说，选择集装箱货车运输，降低了物品的损坏率，尽可能地节省了成本。另外集装箱货车的高效率运输也是它能够广泛应用于我国各地的一大优势。

我国重型车市场发展迅速，货运物流体系仍不够高效。尽管各地政府、企业也开始开展一些绿色货运行动和示范项目，以求提高物流能效，但各货运车辆类型的特性并没有得到充分体现。如果能够大范围推广绿色货运将会获得非常显著的收益，如自动挡货车将先进技术应用在货运车辆上可以给燃油经济性带来较大提升。今后，可以通过经济和管理方面的激励措施促进自动挡货车在长途货运领域的应用，提升物流效率并采用空气动力等设计更为优秀的货车类型，来降低运输成本。

图 4-14　集装箱式货车

2. 货运服务

随着经济水平的不断发展，产业结构不断调整，货运从业人员难以及时准确地把握货运市场动向，货运服务存在着不同程度的问题。目前我国交通运输处于发展与完善的过程中，当前行业仍存在站点较多、缺乏物流中心整体带动的问题。为了更好地解决这些现象，结合行业现代物流发展对于货运服务的要求，需要加强服务人员意识，建设完善运输设备，丰富运输产品类型，在绿色环保的原则下积极实现降本增效，并充分发挥货运行业的巨大作用。

当前，国家积极倡导战略转型，经济由高速增长转变为高质量发展，对于货运物流服务要求也有了更高的要求，货运服务水平的提升刻不容缓。

1）货运服务存在的问题

（1）货运服务意识淡薄。物流行业处于第三产业服务业，其持续发展的关键就在于要拥有较高的服务水平。因此，强调和重视货运服务意识是非常重要的。货物运输站点存在的服务意识淡薄问题主要体现在两个方面：一方面在货品运输和防护方面，另一方面在服务态度方面。

（2）服务产品和模式固化。部分货运渠道的服务产品以及服务模式未能得到及时更新。伴随着电商的蓬勃发展，小商品物流的地位显著提高，各种运输方式都为满足客户的多元化要求而不断变革丰富服务产品类型和模式。

（3）货运物流设施设备技术水平低。导致设施利用率低，布局不合理，重复建设，资金浪费严重等问题。为了解决这些现象应加强建设运输技术或装备的科技成果应用，不仅能够提升扩大货物运输效率，还能够推动货运技术现代化建设的步伐。

（4）站点多而零散，缺乏货运物流服务中心。我国国内许多省（区、市）存在货运站点多且散，星罗棋布，普遍缺乏综合物流服务中心进行统一带动的问题。货运站点与站点之间缺乏整体的联动和调控，从而导致信息流通不畅，货物运输时效性差，大大影响到整体货运服务的水平。

2）货运服务质量提升策略

（1）提高服务意识，建立健全管理模式。

服务意识直观体现在车主对于客户的服务过程中，是能明显改善客户满意度的一项内容。除了管理培训等措施，建立一套完整的服务评价体系对于提升货运服务质量水平势在必行。

（2）丰富服务产品，优化营销策略。

供给侧结构性改革下产业结构的转型升级使得原本的市场生产从高速大量转变为精细高质的模式。补齐行业短板，加快转型升级，加大技术、服务、模式等创新力度，不断满足经济社会发展需求。

（3）完善物流枢纽，调动站点协作。

货运物流有明显的站点数量繁多，而缺乏与之匹配的货运枢纽的问题。应加大力度规划和建设完善货运的物流中心枢纽，提高省（区、市）内各站点之间的衔接，减轻管理压力。

（4）促进自动挡货运驾驶。

随着人们对生活环境质量要求越来越高，国家对汽车的环保节能要求也越来越高。为了降低劳动强度，提升行业技术应用水平，需要在货运服务过程中减少人工作业，提高装卸搬运等工作的机械化水平。随着用户接受程度不断提高，以及自动挡货车市场份额不断提升，货车车身轻量化的研究对于降低运输成本也越来越重要，应着力促进提供轻量化货车，提高运输效率。

3. 货运服务的应用

移动互联网的出现几乎让所有的行业发生了改变。在移动互联网高速发展的今天，货运服务也开始走向移动互联网。近几年，我国涌现出的大量网络货运平台正在逐步改变传统的货运服务方式。网络货运平台具有智能物流大数据的分析与解决、开展统一管理方法并统一配置、高效率融合线下推广运力资源等优点。多家企业通过不同的商业模式赋能行业、体现价值。

快狗打车是致力于为用户提供拉货、搬家、运东西等短途货运及交易服务平台。快狗打车前身为58速运，于2018年8月正式更名为"快狗打车"，是58到家旗下的核心业务。业务覆盖6个国家及地区；国内覆盖北京、上海、广州、深圳、天津、重庆、武汉、成都、杭州等400个城市，平台驾驶员近450万，平台用户超3100万。百万驾驶员覆盖全国，就近指派，手机叫车，5秒系统匹配，10分钟货车上门。

货拉拉于2013年创立，成长于粤港澳大湾区，是一家从事同城/

跨城货运、企业版物流服务、搬家、零担、汽车租售及车后市场服务的互联网物流商城。货拉拉通过共享模式整合社会运力资源，完成海量运力储备，并依托移动互联、大数据和人工智能技术，搭建"方便、科技、可靠"的货运平台，实现多种车型的即时智能调度，为个人、商户及企业提供高效的物流解决方案。截至2021年3月，货拉拉业务范围已覆盖我国363座城市，平均月活跃驾驶员58万，月活跃用户达760万。货拉拉以"货物出行更轻松"为使命，以"拉货＝货拉拉"为愿景，旨在为客户提供即时、当日和预约订单的物流货运服务。

G7物联网，是由北京汇通天下物联科技有限公司开发的一个智慧物联网平台，公司成立于2011年，以物联网技术构建平台，将货主、运力、安全管理、装备运营、能源消费等公路货运全链条有机整合，让公路货运更安全、更高效、更低成本。综合运用物联网、大数据和人工智能技术，结合针对性的货车车队与驾驶员运营服务，降低货车事故风险，已经先后服务了7万家货主和物流公司。

车旺大卡（一款货运APP）是车旺货运公共平台的颠覆性升级版本，也是中交兴路车联网推出的一款全新的服务于货运行业用户的产品，旨在实现货主、车主、驾驶员、第三方物流（货代）等多方之间的信息沟通、车辆位置动态查询、业务需求发布等功能。个体车主可以在圈子里发布包括找车、找货、求职招聘、买卖车等各类信息，还可以通过添加车辆信息实现查车，查询车辆车机数据，车辆实时位置，行车轨迹等。

当前我国货运服务的发展仍有一定的提升空间，同时现存的服务管理等模式也凸显出了一些问题。网络货运平台的出现正在逐步改变我国公路货物运输"散户弱"的局势，推动货运服务智能化、平台化和集约化发展。货运服务必须适应供给侧结构性改革下的货运市场环境，调整完善其市场营销规划。在提升货运服务水平的同时也不能忘记坚持绿色物流的观念，维护自然环境和生态环境，以保证货运行业乃至整个社会经济发展的可持续性。

第三节 车辆结构与动力类型

1. 车辆结构

2018—2020年各吨位区间的货运车辆结构有明显变化，其中吨位区间为20t以下、20~30t、30~40t的车辆显著下降，而吨位区间为40~50t的车辆数量则逐年上升，这表现出了货运车辆向重型化、厢式化、专用化发展（图4-15）。

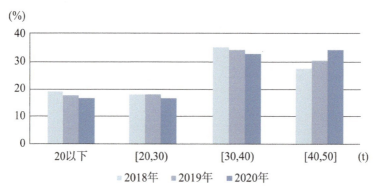

图4-15 2018—2020年不同吨位区间货运车辆结构

随着货运大型化在公路运输经济中的应用力度不断加强，货运大型化的发展模式也在不断变化当中，当前比较流行的货运大型化模式主要有三种。第一种是增加车辆的体积，运用五轴、六轴货车。这种货运大型化模式被广泛应用于货运市场当中，能够最大化装运货物。此种货运运输方式是公路经济运输中应用最为广泛的货运大型化方式。第二种是使用集装箱运输，就是将大型货运车辆上安装集装箱。这种公路货运方法最大的优势就是可以运输一些对时间有较高要求的货物。因为集装箱中可以通过物理方式冷却货物。第三种公路运输大型货运方式是特种货物运输。

2021年上半年新入网车辆主要集中在东部沿海城市，西部除了新疆其余各省（区、市）新入网货运车辆数量较少（图4-16）。

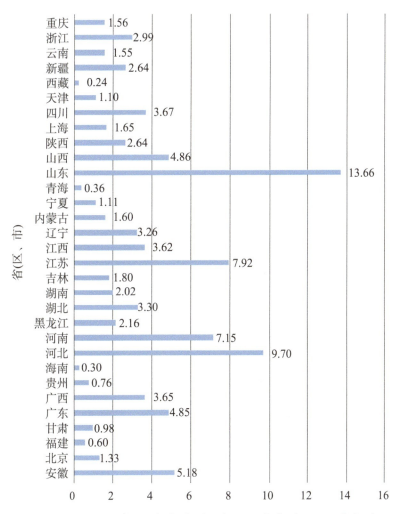

图4-16 2021年上半年各省（区、市）新入网车辆数

2019—2020年不同吨位区间的货运车辆变化情况显著。其中，相较于2019年，2020年20t以下的货运车辆保有量的同比增长为负，其余吨位区间货运车辆同比增长为正。并且20~30t（不含30t）的货运车辆同比增长最多，增幅超10%（图4-17）。

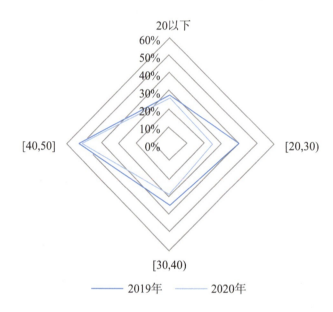

图4-17　2019—2020年不同吨位区间货运车辆保有量同比增长变化情况

2021上半年新入网的货运车辆在1月及2月较少，并于3月骤增至峰值，随后4~6月逐月降低。并且从吨位来看，新入网的货运车辆主要集中在30~50t区间内，50t以上的车辆最少（图4-18）。

从不同车型结构来看，2021年上半年新入网的货运车辆结构差异明显（图4-19）。1、4、5、6月新入网的货运车辆结构组成较为均衡，1、2月入网车辆普遍较少，3、4月入网车辆较多，5、6月逐渐减少。

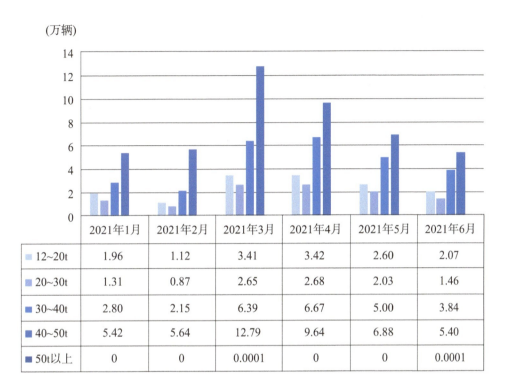

图 4-18 2021年上半年不同吨位新入网车辆数

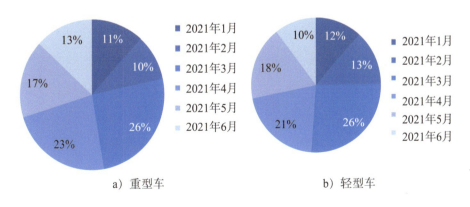

a) 重型车　　　　　　　　　b) 轻型车

图 4-19

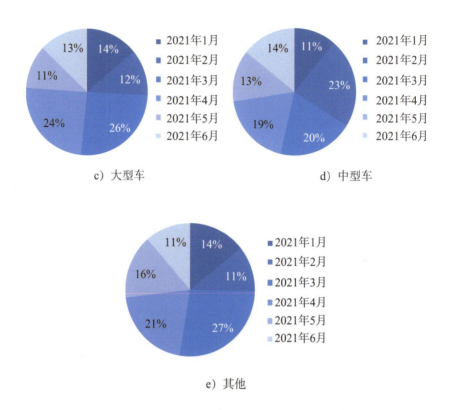

图 4-19 2021 年上半年不同车型结构新入网情况

2. 动力类型

近年来柴油车数量有所减少，以天然气为燃料的车辆数量显著增加。并且压缩天然气（CNG）、液化天然气（LNG）、电动、甲醇、混合动力的车辆虽较柴油车占比较小，但逐年增加的态势显著，车辆呈现低碳化趋势（图 4-20）。2020 年国家推动"新基建"发展、国六政策实施、国三加速淘汰、营销多元化、线上内容增长和用户人群扩张带来的生态繁荣等各种因素叠加，推动产业升级更新，为商用车市场带来活力。

货运车辆 第四章

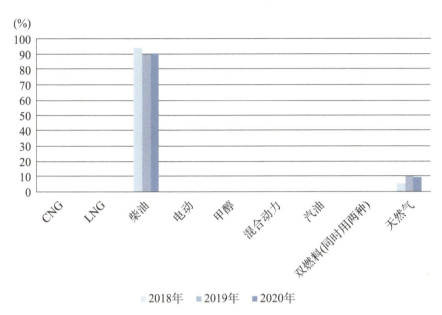

图 4-20 2018—2020 年货运车辆动力类型

第四节 技术类型

1. 新能源货车

近年来,绿色经济一直是我国政府所倡导的主要发展方向之一,我们在生活中也切实体会到了一些变化,例如雾霾减少、空气质量改善、水污染减少等。

2021 年 1~7 月新能源商用车累计销售 8.1 万辆,同比增长 60.9%,其中纯电动商用车累计销售 7.8 万辆,同比增长 67%。纯电动商用车的累计销量占新能源商用车总量的 96.3%。相比燃油重卡运输模式,电动重卡运输可每年减少柴油使用量 110 万 L、二氧化碳排放超 3000t,具有停车作业无声、运输成本低等优势;电动重卡运输具有装运环节少、点对点运输周转快、效率高、装卸环节少等优势。

新能源货车（图4-21）目前主要有三种类型，第一种是LNG货车，其价格略高于传统燃油车，配件价格也偏高。自1971年，我国第一辆LNG汽车诞生起，LNG车辆相关技术逐渐成熟，在电子技术和机械制造技术的支持下，车辆的安全性和控制性均能得到保证。与传统燃油车相比，其经济效益显著，燃料成本相对低廉，运营成本低，节能环保，同等条件下LNG货车的排放污染远远低于汽油车，而传统燃油重卡的污染物排放量相当于数百辆小汽车污染物排放量。第二种是纯电动货车。与传统燃油车相比，纯电动货车的优点在于政府对纯电动货车补贴政策及技术要求的变更，使纯电动货车的安全更有保障；部分省（区、市）对传统燃油车设置市内道路限行，同时对电动货车放宽出行要求；纯电动货车利用电池驱动，能有效贯彻国家"双碳政策"的施行。第三种是氢燃料电池货车，近20年，氢能在全球范围内迎来了一轮快速发展。包括美国、日本、欧盟、加拿大和韩国等在内的国家和地区制定了氢能发展规划。除上述三种外，新能源货车还有混合动力货车、甲醇动力货车、压缩天然气（CNG）货车等。

图4-21 新能源货车

> **专栏** 新能源货车
>
> （1）长城：2020年长城汽车与国内多家商用车企开展了战略合作，实现了氢燃料技术在重卡领域的应用。2021年3月29日，长城汽车启动氢能战略全球发布会，发布了氢能产业未来50年战略部署和"氢柠技术"。5月10日，长城控股邢台商用车项目合作协议签订，正式进军氢能重卡。
>
> 长城汽车目前已经完成第一代电堆的研发，其额定功率可达150kW，功率密度达到了4.2kW/L。此外，长城汽车目前已经研发出70MPa Ⅳ型储氢瓶、70MPa瓶口阀和减压阀，以及储氢系统的集成。同时，70MPa瓶口阀循环寿命超过15000次，如果遇到车辆事故起火，安全泄放装置，便会自动打开，安全释放压力，防止因温度升高引起的气瓶破裂。2021年，长城将落地全球首个100辆49t氢能重卡。
>
> （2）福田：福田戴姆勒作为我国商用车行业领先企业之一，在推动国六商用车应用方面做出巨大努力。福田汽车集团副总经理，福田戴姆勒汽车执行副总裁宋术山表示："平均一辆商用车的碳排放是乘用车的20倍，重卡更高，所以推动国六重卡应用对于实现我国双碳战略至关重要。"欧曼国六重卡采用进一步升级后的福田康明斯国六发动机与采埃孚变速箱共同组成超级动力链，再搭配全球领先的智能油耗管理系统，以运营里程为15万~20万km计算，平均每年可以节省3万元的油耗费用；欧曼国六阶段发动机与后处理系统进行了全面抗硫强化，采用三层油水分离器和高效DPF再生技术，油品适应性在全行业处于领先水平。

2. 自动挡货车

根据变速器的类型可以将货运车辆分为自动挡货车和手动挡货车两种，自动挡货车在驾驶时由自动变速器的控制系统根据发动机的转速和负荷自动选择合适的挡位，从而替代了人的主观判断时机和换挡操作。一般的自动挡车辆设有六个挡位，从上到下分别为：P、R、N、D、S、L。最常用的自动挡位为停车挡P、倒车挡R、空挡N、前进挡D。自动挡具有操作简单，驾驶舒适轻松等优点。手动挡，即用手拨动变速杆才能改变变速器内的齿轮啮合置，改变传动比，从而达到变速的目的，具有经济实惠、性能稳定等优点。当前国内主流仍然是手动挡，但是国内客户对自动挡卡车的需求逐渐增加。

欧洲与北美等成熟牵引车市场自20世纪90年代末开始导入自动挡，经过15年左右的市场培育与快速增长，重卡自动变速箱目前已经发展到第4代，欧洲市场自动挡重卡占比已达到95%。其中采埃孚第四代自动变速箱已在全球拥有50万用户，采用集成式设计，领先外挂式变速箱2代产品，代差明显，历经2000亿km实际工况验证。先前，对于许多国内货车驾驶员来说，自动挡货车仍然是个新事物，尤其是采用进口AMT变速器的自动挡货车，价格普遍偏高。且国内众多驾驶员认为相比于自动挡，手动挡更省油，安全。如今，随着技术发展，自动挡卡车已经普遍具有强大的操控性能、平顺的挡位转换，更加节油、舒适、安全的用车体验。不仅技术更加成熟，价格也下降到大部分货车驾驶员能够接受的范围。市场自动挡重卡占有率也呈现大幅增长，卡车制造企业相继推出自动挡车型。从中国汽车工程研究院股份有限公司对市面上主流AMT变速箱横向对比测试结果来看，采埃孚传胜(TraXon)传动效率最优，达到99.7%，稳居第一，解放、法士特、重汽传动效率依次降低，但相对价格更低。

2020年国内重卡销量突破162万辆，同比增长38%，AMT重卡开始实现市场突破，其中，自动挡重卡销量尤为抢眼。与此同时，AMT变速器也成为市场新宠，受到行业内越来越多人的青睐[1]。

> **专栏** 自动挡货车
>
> 以福田推出的欧曼自动挡重卡为例，其全程经济运行区间占比高达90%，在复杂的山区环境中依然为车辆行驶提供充沛动力，同时免去长时间增减挡、踩离合的苦恼，进一步提升了驾驶的舒适性，减轻驾驶疲劳，大幅度提升行车安全，相比手动挡车型全程油耗降低11.9%，深受从业者喜爱。
>
> 早在2017年上海车展期间，国内重卡推出AMT，包括福田EST-A、天龙旗舰等，2019年，全国共售出AMT重卡8000余辆，销量较往年增长550%，同年12月，福田戴姆勒汽车推出了欧曼EST-A、EST、GTL等超级重卡全系自动挡新品，颇受市场欢迎[2]。
>
> 按2020年上半年AMT销量核算，其中福田销售约12549辆（总销量为6.3万辆），占整个AMT重卡市场的50%以上。2020年开年第1周，欧曼自动挡重卡订单已突破2000辆，不仅热销全国，更推动了重卡市场运输装备升级，欧曼自动挡重卡大大降低驾驶门槛和企业运营成本，而且在运输安全、舒适性方面具备优势，因而更多用户开始选择自动挡重卡[3]。中国物流与采购

---

[1] 李霖,奚美丽.中重卡AMT市场发展预测[J].汽车与配件,2021(06):64-70.
[2] 李霖,奚美丽.中重卡AMT市场发展预测[J].汽车与配件,2021(06):64-70.
[3] 益明.欧曼.AMT重卡：引领中国重卡行业迈向自动挡时代[J].商用汽车，2020(01):40-42.

联合会副会长蔡进表示："随着经济增速趋缓和要素成本提高，要求物流企业创新物流发展模式，通过提高效率，降低成本形成新的效益空间。这将推动用户对高端重卡运输装备的需求，使其不仅能直接为物流企业增加收益，更能为驾驶员提供安全、舒适的体验。所以，很高兴看到欧曼推出自动挡重卡，不仅迅速获得市场的认可，更促进了整个运输装备市场的升级换代的潮流"。

3. 自动驾驶货车

货车自动驾驶是自动驾驶里最早实现技术规模化落地和商业规模化落地的最大的领域。相较于其他行业，高速公路货运属于比较适合自动驾驶的场景，仅次于矿区、港口等封闭环境，自动驾驶货车能够显著降低货运人力和油耗成本。目前我国货车驾驶员已超过2100万人，年龄普遍在40岁左右，而90后货车驾驶员寥寥无几，形成了明显的年龄断层，货车驾驶员缺口巨大，自动驾驶货车可以解决日益严重的驾驶员短缺以及不断增长的货运需求，同时自动驾驶货车因其限制性环境、标准化的道路和行车规范给货运行业自动驾驶带来了更高的技术可行性，更好地提高了安全性和运输效率。

不同自动驾驶水平带来不同程度的成本下降，一般情况下将自动驾驶货车分为四个水平，一是L2具有复合功能的自动驾驶，二是L3具有限制条件的无人驾驶，三是L4高度自动化无人驾驶，四是L5完全自动化无人驾驶。L2自动驾驶可以降低驾驶员的劳动强度，节省部分人力。L3在L2的基础上叠加编队驾驶可以减少驾驶员数量，大幅降低人力成本。远期来看，L4级别无人驾驶（含编队）可以完全替代人类驾驶员。企业货车自动驾驶应用情况见表4-1。

企业货车自动驾驶应用[1]　　　　表 4-1

企　业	方　向	自动驾驶等级	车　型
解放	港口	L4	J7/ICV
	环卫	L4	J6F
	物流	L2	J7
东风	列队跟驰	L4	天龙 KL
重汽	港口	L4	豪沃 T5G/ 汕德卡
	物流	L3	汕德卡 CTH
	矿山	L4	豪沃
福田	园区物流	L3	欧马可、图雅诺
	列队跟驰	L3	欧曼 EST-A
	半封闭道路	L3	
戴姆勒	长途运输	L2	戴姆勒 cascadia 卡车
福特	公路物流	L4	F—vision 卡车
特斯拉	公路物流	全自动驾驶	Semi
	列队跟驰	全自动驾驶	Semi

货运行业自动驾驶货车（图 4-22）的引入，将大大促进货运行业集中度的提升，物流公司与技术公司的相互渗透，也将大大提高运输效率，自动驾驶货车应用车路协同技术，将货运行业自动化程度大幅提升，促进智慧公路的高效建设。无论如何，现在离自动驾驶货车的技术规模化与商业规模化落地已经不远了。

---

[1] 卡车之家.盘点国内外自动驾驶卡车,谁的技术最先进？[R/OL].(2019-10-02)[2021-12-01]. https://baijiahao.baidu.com/s?id=1646029544048686718&wfr=spider&for=pc.

图 4-22　自动驾驶货车

> **专栏**　自动驾驶货车

（1）图森未来：2018 年 10 月在上海获得首张自动驾驶卡车公开道路路测牌照，拥有超过 50 辆无人驾驶货车组成的车队，图森未来主要为商用货车提供定制化 L4 级自动驾驶解决方案。图森未来无人货车能顺利通过开放路段的左右转、铁路道口、红绿灯十字路口、四向停车的十字路口、高速公路匝道入口/出口、T 型交叉路口、临时施工路段。

（2）赢彻科技：截至 2020 年 5 月，赢彻科技 L1 和 L2 级自动驾驶货车已经签约超过 1000 辆，正在逐步交付客户，该货车进行运输的里程已超过 1000 万 km。未来，赢彻科技逐步向高阶 L3 的自动驾驶技术研发路线迈进。

（3）福田：福田汽车自动驾驶技术一直走在行业前列，2019 年 5 月，在第五届智能网联汽车技术及标准法规国际交流会（ICV 2019）及"自动驾驶汽车列队跟驰标准公开验证试验"上，列队跟驰验证试验中的福田欧曼重卡智能化程度达到 L3 级自动驾驶水平。2020 年 7 月至今持续在上海上港东海大桥路段进行重卡牵引车L3级自动驾驶应用测试。2021年7月27日，在第23届中国科协年会——自动驾驶汽车产业落地与示范运营论坛上，福田汽车获得北京智能网联汽车政策先行区首批商用车自动驾驶路测牌照，这是北京市首次颁发商用车自动驾驶路测牌照，意味着福田汽车对自动驾驶的探索从封闭路段测试向开放路况延伸，加速向实际场景的商业化落地迈进。

（4）解放：2018年4月18日，一汽解放在青岛港成功发布了J7 L4级港口智能车ICV。这是一汽解放全球首发专为港口作业研发的车辆，ICV是国内第一款实现L4级港口示范运营的智能驾驶运输车辆。

第五章　行业数字化

本章内容基于行业数字化的发展阶段、典型技术应用情况、G端数字化、B端数字化、C端数字化五个方面分析数字化手段在货运中发挥的作用，对其实际场景案例进行分析总结，并对数字化货运未来的发展进行展望。

第一节　行业数字化的发展历程

数字化是当今时代世界经济和社会发展的大趋势，是实现工业和产业优化升级的重要手段，是把握未来发展战略制高点的重要途径。数字化管理在公路货运行业中扮演着重要的角色，其涵盖的内容包括车辆运输、管理人员、客服订单、运输物品以及运输距离等。

回顾我国数字化交通发展，从20世纪90年代起步到2000年左右的技术开发和小型示范，再到北京奥运会、上海世博会和广州亚运会的智能交通集成应用示范，我国数字化交通发展逐渐兴起。2012年随着"互联网+"概念的提出和发展，进一步推动了车辆自动化、智能化、网联化演变以及物联网技术的发展，同时也推进了交通环境的实时精准感知，很大程度上促进了数字交通的发展。近几年提出的智慧公路建设，推进了道路数字化、智能化、车路协同化发展，信息采集技术和网络通信技术的开发，带来了海量交通时空大数据与高精度地图等地理信息技术的深度融合，能够将数字信息加以整合并充分利用❶。

　　近年来，我国已然迈入数字化快速发展时代，2020年国务院国资委发布《关于加强国有企业数字化转型的通知》，同时在2020年两会政府工作报告中也多次提到数字化转型，数字化转型已经是国家层面的大方向，对于货运行业也是必然趋势。2020年网络货运平台新规实际上也可以理解为行业数字化转型的一个方面，数字化的大旗在行业内，重构了货运的组织模式（产生很多新企业和平台）。数字化和技术进步将会使整个货运行业开始创造新的场景、新的业务模式、新的组织方式、新的产品定义，来满足用户不同的需求❷。例如数字化车货匹配平台，大幅改变了驾驶员获取货源的渠道。通过手机APP，货主和驾驶员可以发布、寻找货源，通过线上匹配、沟通，直接撮合交易。先前麦肯锡在加油站和公路停车场对货车驾驶员随机抽样的调研结果中发现，货车驾驶员近一半的业务仍然依赖于熟人和各种形式的中介介绍。如今，线上线下情况大相径庭，线上平台的使用率大幅提升，市场供需得到更高效地组织。再比如快递电子面单，其实是包裹的数字化，这个数字化不仅是包裹上有一个二维码，更关键的是在运营环节提升效率，比如分拨中心运用电子面单和全自动的分拨技术，使整个效率得到大幅提升。通过数字化以及进一步的运营优化，货运效率不断提升且成本不断优化。

　　目前，货运行业数字化仍然存在许多困难：一是大部分货运企业规模较小，缺乏数字化意识，同时也缺少资金支持；二是大型货运企

---

❶ 上海国际航运研究中心.国际物流产业数字化发展报告[R/OL].（2021-05-25）[2021-12-21]. https://www.163.com/dy/article/GAV7F70J0514BOS2.html.
王笑京.中国智能交通发展史[J].中国公路,2018,(18):31-33.

❷ 联商网.菜鸟网络CFO刘政：物流数字化会重新定义供应链和金融服务[R/OL].（2019-10-30）[2021-12-21].http://www.linkshop.com/news/2019434763.shtml.

业缺乏忧患意识，加之行业内数据标准不统一，导致货运数据分散且难以整合；三是货物运输行业属于劳动密集型行业，大量人员以不同角色参与到工作中，信息流转中产生大量的纸质单据、电话、微信信息等，互通信息方式传统，难以整合，加大了货运行业数字化的难度。但是，数字化革命正全面席卷货运行业，在未来，数字化将是货运行业的初心和基石。

第二节 典型技术应用情况

1. 物联网协同智能设备，提升货运效率

通过物联网能够在运输过程中实现对货物的实时监控，快速将货物的即时信息传递给智能物流管理系统，提高货物信息的完整性和实时性。此外，物联网的云技术能够让货物信息快速地反映给相关运输企业，使得该运输企业能够及时地存储或者运输相应的货物，优化货物的调度分配，减少不必要的损失；其次，物联网技术实现了产品和产品之间的直接连接，改变了传统货运过程中以人为中介点的运输方式，减少大部分人为因素造成的失误，大大增强了物流配送和仓储能力，降低了错误率。

跟普通的条形码不同，物联网的应用使得每一件商品都有一个自己专属的网络 ID。该 ID 里包含该商品的所有相关信息，管理人员可以凭借这个网络 ID 获取该物品物流跟踪信息，不仅是该物品的运输信息，甚至其来源地、材料组成和加工方式等，从而实现智能化的管理。

2. 大数据分析技术优化资源调度

大数据不仅是一种数据挖掘、数据分析的信息技术，而且是一项重要的战略资源，为货运企业在战略规划、商业模式和生产运作等方

面作出全方位的部署。

在货物供给与需求匹配方面,通过大数据技术分析特定时期、特定区域的货物供给与需求情况,从而进行合理的配送管理。在资源的配置与优化方面,货运市场有很强的动态性和随机性,需要实时分析市场变化情况,从海量的数据中提取当前的货运需求信息,同时对已配置和将要配置的资源进行优化,从而实现对货运资源的合理利用。货运业务具有突发性、不均衡性等特点,通过大数据分析,可以提前做好货品调配,合理规划运输路线方案等,从而提高货运高峰期间的运输效率。

随着互联网时代的到来,基于大数据产业平台的货运服务不断优化升级,促进了车货匹配和资源智能分配。互联网大数据运营模式已成为货运行业新的发展方向。大数据和云计算技术的快速发展为货运业的发展打开了一扇大门。

3. 人工智能助力高效货运体系

货运行业对人工智能的应用越来越多,带来了非常明显的效率提升,推动货运行业从劳动密集型产业向知识技术型产业转变。货运企业利用人工智能技术优化货运中的车货匹配,结合自身资源打造全新的货运匹配平台。基于自身货源建立数字化货运平台,低价获取社会运力。货车驾驶员长时间工作,恶劣的工作环境、安全隐患以及国内货运需求的增加,进一步加剧了货运领域劳动力的短缺,使用机器学习和深度学习打造无人驾驶体系可以提高物流效率,降低交通运输过程中的安全事故,克服人为因素所带来的诸多痛点,并与车联网车路协同等技术结合,推动整个公路货运体系智能化。而图像、视频识别分析技术可有效实现订单跟踪管理,并降低运输过程中货物的损毁、丢失等问题,帮助制定生产计划与排产,保证货物及时、安全地送达目的地。

4. 货车 ETC 技术实现高效管理和快速通行

ETC 的全国联网和数字化技术的快速发展，其在快速通行、环保节排等方面的优势愈发显著。长期以来，由于货车计费方式及车型本身不同，其在收费站通行效率一直比较低下，随着称重技术及 ETC 技术的发展，使货车 ETC 变得可实现。ETC 技术应用于公路货运是对当前国家着力构建安全、便捷、高效、绿色、经济现代化交通体系等政策的积极响应，也是提升我国公路运输效率的重要举措之一，为公路运输行业的发展带来了积极影响。

ETC 技术应用于公路货运，车辆在办理非现金卡时均实名制并绑定车牌车卡，在高速公路使用非现金卡通行时，管理部门分析系统便可根据相关数据分析相关通行情况是否合理、是否存在偷逃通行费的情况，实现货车的高效管理。货车车身长、收费额大、从停车到起动耗用时间长，货车通行人工车道是客车通行时间的 2 倍，且等候缴费时频繁启停，是造成收费站拥堵的主要原因。货车 ETC 技术的应用使货车无须停车即可缴费，加快车辆通行的速度，能够大大缓解收费站的拥堵情况，同时减少货车停车时的废气排放和对城市环境的污染。

第三节　G 端数字化

1. G 端数字化发展现状

党的十九大提出要加快建设网络强国、数字中国和智慧社会，要运用大数据提升国家治理现代化水平，推进政府管理和社会治理模式的创新。对"加快数字化发展"作出全面部署，要求"推进数字产业化和产业数字化，推动数字经济和实体经济深度融合"。在构建新发展格局的过程中,数字经济是重要的支撑力量。经济要循环畅通起来,离不开高效的现代物流服务体系。

在货运物流数字化方面,研究建立统一的大数据全流程管理标准,推动 5G、人工智能、物联网、区块链等新技术标准化应用,更好支撑货运物流高质量发展。G 端数字化是货运物流的重要基础,是引领行业发展、规范市场秩序、推动流通变革、促进消费升级的技术支撑,对畅通国内大循环、促进国内国际双循环、引领货运行业高质量发展、高水平开放具有重要意义。

在物流货运行业,G 端数字化进入信息化 3.0 版本。货运信息技术发展到了支持高效能物流货运系统集成的阶段,新兴技术的出现加快了演化的发生,提出智能化、智慧化要求是 G 端数字化发展到一定程度以后的高级阶段的必然需求,是大数据时代货运 G 端数字化发展的新方向(图 5–1)。

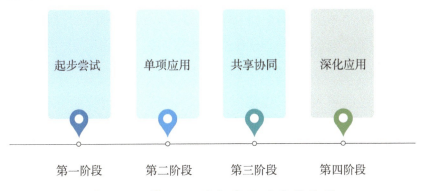

图 5–1　货运 G 端数字化的发展阶段

伴随着数字化时代的到来,加快推进 G 端货运行业数字化转型是发展未来经济的重要引擎,对推进社会高质量增长具有重要意义。我国物流行业为了更好地发展 G 端数字化进程,应具备全球化发展视野,驱动物流企业勇于走出去。在国家"一带一路"倡议的红利影响下,物流大通道的联通建设成为热点，为货运行业带来沿线基建、物流通道搭建的机遇。率先领导物流企业加强跨境物流及当地物流业务的布局，同时积极提升对沿线国家优质物流资源和合作伙伴的识别与合作。

随着全球物联网、云计算、新一代移动宽带网络、系统集成技术等新一轮信息技术迅速发展和深入应用，信息化发展正酝酿着重大变革和新的突破，货运电子政务向更高阶段的数字政府的智慧化发展亦成为必然趋势。G端也应着力发挥好数字化货运服务新优势，加快推进货运数字产业构建新发展格局。为顺应时代发展趋势，贯彻落实党的重要指示，全国各地政府正积极推进货运G端数字化转型。

由于技术的不断发展，越来越多的货运企业、驾驶员用户开始使用在线G端货运数据，也使得他们期望在政府提供的公共货运数据中，能够获得更多的知识与经验。为推动公共部门不断满足新的货运服务需求，政府应合理利用新兴技术，并探索"整体政府"转型的数字化发展路径，注重投入产出，提高行政效率。推动协同治理，不断提升货运行业数据信息公开化、服务线上化水平。

2. G端数字化未来展望

为了建立完善货运大数据共享机制，健全货运行业领域公共信息资源开放机制，合理引导货运物流事业单位依法开放自有公共货运信息，G端数字化建立货运数据资源动态更新机制，形成全覆盖、高质量的综合货运物流电子政务大数据，实现跨部门、跨行业数据资源共享就尤为重要。

（1）要提升G端货运数据治理能力。这是G端货运行业数字化转型的重要一环。在G端的数字化转型过程中，货运数据治理是重要的一环。以人工智能、大数据为基础，把原来在各系统中、各部门管理的货运数据，用一个新形式来组织、存储和利用。将货运数据拿出来、整体作为一部分来使用，为人民提供更便利的服务、为领导决策服务、为信息化管理服务。通过改革加大货运数据资源的整合力度，对原来的货运数据进行梳理、目录编制、标准化、重新规划和组织，来提高它的可用性、可见性、可理解性及运营效率。提升货运数据资源的共享程度。此外，政府要制定严格的制度规范，保障货运数据资源的开放。处理好货运数据安全和货运数据开放的关系、处理好货运数据开放与保护个人隐私记录的关系，推进货运行业系统一体化整合。

（2）要提升G端货运行业数字化的技术路径。G端货运数字化需要面向广大车主，货运企业应该充分利用互联网、大数据、云计算、人工智能等现代信息技术，强化货运电子政务数据的整合、开放、共享，构建人机协同的数字化、网络化、智能化集成应用系统。

（3）要进一步促进物流数字化进程。推进物流业现代化，培育壮大在国内国际具有竞争力的现代物流企业，大力发展网络货运、甩挂运输、挂车共享等先进适用组织模式，发展专业化物流。

物流业是我国国民经济的重要组成部分。在"工业4.0"、"互联网+"发展的大背景下，我国物流业也迎来了智能化升级改造。近年来，政府相关部门出台多项鼓励物流行业向智能化、数据化发展的政策，国家层面积极推进新一代国家交通控制网建设，加快货物管理、运输服务、场站设施等数字化升级。

总体来讲，G端应建立科学决策支持体系，构建综合性物流货运大数据分析技术模型，逐步实现货运需求精细化分析，要推动政府数据授权运营，释放G端货运数据价值。第一，要形成强有力的G端货运数字化机制；第二，要广泛吸纳社会力量提供G端货运数字服务；

第三，加强政府货运信息安全和隐私保护，做好货运信息安全保障工作；第四，需要政府和企业达成合作，互相支持，在监管与治理中把握平衡，形成良性互动、公平合理的治理结构。

推进先进信息技术深度赋能货运物流行业，打造综合货运物理G端"数字大脑"，以大数据等手段促使"粗放管理"转向"精耕细作"，全面提升精准感知、精确分析、精细管理和精心服务能力，实现货运数据归集、数据共享、数据孪生。

3. G端数字化应用案例

G端数字化应用案例见表5-1。

G端数字化应用案例　　　　　　　　　　表5-1

名称	数字化案例	成果
国务院办公厅❶	私有云部署系统、企业与道路货运运行监测分析系统	通过私有云部署系统能够更好地将系统数据与其他数据分离开来，提升货运行业治理能力，加强运行动态监测。利用大数据等信息化手段提高道路货运市场运行监测分析能力
交通运输部	"全国道路货运车辆公共监管与服务平台"、危险品运输平台、多式联运平台、无车承运人（网络货运）平台、路网监测与应急处置平台	是全球最大的商用车车联网平台，是重型载货汽车唯一国家级监管平台，平台入网车辆总数已突破742万辆，日均增量5000辆
天津市政府❷	"3-1-2-3快货物流圈"、两客一危车辆平台、建设智能化集装箱码头、无人驾驶集装箱卡车控制系统	提供综合货运数据分析等决策管理服务、货运物流行业监测能力全面提升

---

❶ 2019年4月，国务院办公厅发布《关于加快道路货运行业转型升级促进高质量发展意见》（国办发[2019]16号）。

❷ 2021年8月，天津市人民政府发布了《综合交通运输"十四五"规划》。

续上表

名称	数字化案例	成果
重庆市	网络货运平台、货物运输动态监测系统	通过对样本车辆监测，探索出货车的燃油成本变化与整个货物运输成本、平均运价、运价指数等变化的相关规律，目前已发布成渝通道、渝黔桂通道价格指数信息
上海市	网上信息采集系统	在货物运能利用效率方面开展监测探索，为货运行业运力投放提供参考依据
日照市	日照市智慧交通管理平台系统	日照市智慧交通管理平台系统现已建设完成并试运行中，基于日照实时道路交通状况，对进出日照市货车的停车、运行实行统一调度、智慧化管理，通过人工智能算法实现全局优化，车辆数据统计分析，促进交通运输削峰填谷，提高交通运行效率，有效缓解道路交通压力。对停车场纳入平台管理，同时对停车场设置系统自动抬杆，控制车辆进出，联动智慧交通平台排号系统，提高车辆停车效率和运输时效
北京中交兴路信息科技有限公司	与高安市人民政府合作共同建设网络货运数字产业园	助力高安市政府智慧物流监管与服务平台建设、管理、运营，同时发挥资源整合优势，引进国内网络货运企业入驻高安，为高安本地企业和引入的网络货运平台企业提供一站式服务，加快高安网络货运产业园的建设，为高安构建产业互联网经济圈和产业数字集群提供硬核支持

第四节　B 端数字化

1. B 端数字化发展现状

随着国内经济步入"新常态"，B 端企业数字化也呈现显著飞跃的态势。随着 5G 时代的到来，智能物联网的发展以及计算能力的大幅度提升，使得 B 端货运行业对货运数据可视化、透明度的需求越来越高。货运企业借力数字科技实现 B 端货运数字化的需求也愈演愈烈。

特别是中小微企业，将会是货运企业 B 端的消费主力，对模块化的 SaaS（Software as a Service 的简称，意思是软件即服务）货运服务市场需求将持续高增长。B 端企业应着力实现全链贯通，打通车、货、人、资金全链条的数字化，由点到面推进货运数字化。

相较于欧美货运市场企业，我国货运市场企业存在诸多特点：国内货运企业整车运输结构更加分散，中小企业的货物运输需求波动性较大，车货信息匹配难是困扰众多 B 端企业多年的问题。加强对 B 端货运企业数字化的建设，能更好地提升整体货物运输效率。如今，数字化车货匹配平台的出现，大幅改变了驾驶员获取货源的渠道。

在货运规模足够大的一些国家，大量涌现的数字化平台型公司开始对当地货运市场进行创新和颠覆。基于货运市场结构的不同，B 端货运企业数字化模式聚焦也有所不同：欧洲侧重于与货主紧密结合（例如 Sennder 与意大利国家邮政形成 JV 合作提升每年 1 亿欧元的长途公路运输效率），美国侧重于 3PL 升级（例如 CH Robinson、Coyote），我国则以规模化轻资产平台为主（例如满帮、快狗打车、货拉拉）。

2. B 端数字化未来展望

目前，很多货运企业在不同的环节有不同的系统，不同的对接企业有不同的系统，提高单一环节效率的同时也带来了一定的不便，所以 B 端企业货运数字化是未来阶段可以预见的待行之举。

（1）B 端货运企业信息化。大多数货运企业的信息化需求复杂多元，从流程管理、资源管理、客户管理、供应链管理、仓储物流、资金管理，到企业之间的信息对接等，都有长期的系统性需求。

（2）B 端货运企业在物流过程中的自动化和智能化。将物联网和互联网深度融合，促进数据驱动的数字化货运经济发展。越来越多的企业将会选择通过 AI 技术实现或局部实现货运物流自动化。

（3）货运企业数字化基础建设。货运企业数据智能将成为企业应用的主攻方向。B 端货运企业数字化的发展依托于数字技术能力的快速提高，包括大数据系统、信息知识管理系统、云服务、开源体系等。

（4）加强货运数据网络安全保障。充分借助货运物联网设备、大数据、AI 算法分析等数字技术的赋能，物联网、人工智能、工业互联网、云计算、数据中心、车联网、空间互联网等新技术新应用的网络安全保障。完善货运数据安全管理体系，实现货运企业货运数据汇聚、整合与处理、挖掘分析、共享以及管理与治理全过程的安全防护。

（5）以强大的服务管理维持 B 端企业平台优势并改进和延伸。货运数字化平台从业者在特定细分市场内，都需要应对传统线下模式的挑战，增强货运企业的服务质量。

3. B 端数字化应用案例

B 端数字化应用案例见表 5-2。

B端数字化应用案例 表 5-2

名　称	数字化案例	成　果
G7物联（北京汇通天下物联科技有限公司）	物联网科技平台、车队管理平台、以物联网为基础的SaaS平台	数据服务重型载货汽车超过236万辆，连接中国20%以上的重型载货汽车（连接车辆超过120万辆），每日跟踪超过1.7亿km的重型载货汽车运行轨迹，日均上传平台数据超过7.8TB，获取车辆、货物、路况、驾驶行为等多种丰富数据，提供了全方位多场景的稳定的B端企业数字化服务
北京中交兴路信息科技有限公司	依托车联网大数据技术、人工智能、物联网云通信以及基于时空大数据的地理信息系统等领先科技根植于公路货运行业，以公路货运大数据为基础打造行业数据底盘、网络货运平台、中交兴路数智化物流解决方案、为物流生态参与者的数智化转型赋能	以物流"数+"底盘为基础，通过自主研发的多种物流SaaS产品，以及PaaS（Platform as a Service 的简称，意思是平台即服务）云产品和行业解决方案。有效助力传统企业数智化转型，提升货物周转效率，降低空驶率，创造了显著的社会效益。发挥车联网大数据价值、与物流行业当中的上下游企业以及物流生态的其他产业参与者，深度共创，协同共融，围绕物流生态上下游数字化贯通与高效协同，为物流产业数字化变革提供新方向、新思路
货拉拉（深圳依时货拉拉科技有限公司）	网络货运平台、货物运输动态监测系统	通过对样本车辆监测，探索出运营货车的燃油成本变化与整个货物运输成本、平均运价、运价指数等变化的相关规律，目前已发布成渝通道、渝黔桂通道价格指数信息
满帮集团	长途整车运输市场车货匹配业务平台、线上撮合平台、物流黄页(v1.0)、物流平台/无车承运满运宝(v2.0)、交易3.0 (v3.0)，以及多项增值服务平台	在提升信息和价格透明度，减少匹配环节和等待时间，提升整体市场效率，消除信息不对称，提高匹配效率

续上表

名 称	数字化案例	成 果
深圳市易流科技有限公司	冷链货运平台、货运车辆GPS监控平台、配货平台	物流以及供应链领域的企业客户达3000余家，在线服务的运输车辆120多万辆，汇聚了130多万一线驾驶员的真实海量信息资源，系统每月数据增量超过10TB

专栏　网络货运经营

网络货运经营是指经营者依托互联网平台整合配置运输资源，以承运人身份与托运人签订运输合同，委托实际承运人完成道路货物运输，承担承运人责任的道路货物运输经营活动，网络货运经营不包括为托运人和实际承运人提供信息中介和交易撮合等服务行为。

网络货运最新进展：

（1）从业务规模看，市场规模持续扩张，主要指标倍数增长。2021上半年，全国共有网络货运企业（含分公司）1299家；网络货运企业完成运单量达2844.1万单，环比增长46.6%；实现交易额达738.7亿元，环比增长39.7%；完成货运量5.5亿t，环比增长34.0%。

（2）从运力规模看，网络货运企业市场整合能力快速提升。截至2021年上半年，网络货运企业整合运力规模达293万辆，环比增长154.8%，约占全社会营运货车保有量的26.4%；整合货车驾驶员304.7万人，环比增长92.7%，占全货车驾驶员总量的20.2%；平均每家网络货运企业整合运力2256辆（645倍），整合货车驾驶员2346人（510倍）。2020年，道路货运运力1110.3万辆，货车驾驶员1509.8万人；经营业户约323.9万户，平均每户拥有车辆约3.5辆，货车驾驶员4.6人。

（3）从市场结构看，网络货运市场头部效应快速显现。2021年上半年排名前十位的网络货运企业整合运力规模178.3万辆，占总运力规模60%，2021年上半年完成货运量2.5亿t，约占网络货运企业完成货运总量的45.6%；2021年上半年完成运单量1399.6万单，占完成运单总量的49.2%；2021年上半年完成交易额328.0亿元，占完成运费交易的44.4%。

（4）从区域发展看，网络货运业务遍地开花、梯度推进。网络货运业务主要集中在东部地区，运单量占全部单量的63.0%，中部地区运单量占全部单量28.6%，西部运单量占全部单量的8.3%，东北地区运单量占比仅0.1%；网络货运业务网络覆盖31个省（区、市），共333个地级市、2701个区县，区县网络覆盖率高达86%。

（5）从实施效果看，运行效率不断提升，降本增效更加显著。2021年上半年，车货匹配时长约为7.8h（试点期间8~10h），车辆、驾驶员等关键要素生产效率显著提高。

（6）网络货运平台已经成为个体运输业户开展经营的重要载体。与网络货运企业合作1次的车辆数占整个运力总规模的49.5%，比2020年降低0.7个百分点；2~5次和6~10次分别比2020年分别提高2.3和0.3个百分点；企业合作10~30次以及30次以上的车辆规模占比分别为6.6%、4.3%。

第五节　C端数字化

1. C端数字化发展现状

货运行业作为高度数字化的消费互联网和传统生产制造的过渡地

带，其面向C端数字化的需求极高。从货运设施的生产环节、到货运的配送环节，都需要系统合理化、数字化的管理。物联网、AI、自动仓库和自动驾驶等智能技术的出现，也能很大程度地帮助货运C端实现数字化、智能化，更好地满足多方面的服务需求。

根据货运行业过往发展来看，我国货运企业正在经历阶梯式整合，随着新技术进入细分C端，C端货运从业人群越来越多种多样，包括驾驶员、货主、客户、车主等，C端数字化竞争将持续升温。

C端数字化面临着诸多问题，例如驾驶员、货主与客户信息匹配不及时，货物运输关系多为临时寻找，或通过与熟车驾驶员非正式口头协定的形式存在。个体驾驶员缺乏足够的资源、信息渠道，加上分散、临时的货物运输关系，驾驶员跑完单程后，面临着回程无货可拉的难题。

我国货运运输市场仍然具有很大的发展潜力，应充分发挥C端数字化优势，全面共享货运信息。将消费端数字化与传统的运输业相结合，促进传统运输向数字化货运的转换，同时也推进高新技术改造传统运输的进程。

C端货运数字化应重点采取在平台上的实际成交匹配，通过手机APP，货主和驾驶员可以发布、寻找货源，线上匹配、沟通，直接撮合交易。整合有着稳定运力需求的公司企业，或者对运输服务的时效性、安全性等有着较高要求的货主，高速高效进行匹配，通过更大范围的透明度和竞争带来更合理和更实惠的运费。合理搭配高效算法，对C端货运数字化进行升级，提升货运车、货匹配，提高物流行业整体运输效率。

2. C端数字化未来展望

我国C端数字化进程高歌猛进，生活、工作、学习、娱乐等各个场景中的数字化程度不断提升。货运 C 端数字化，未来仍有广阔的发展空间，然而货运的整体技术和管理水平不高、信息化程度不足、物流技术手段落后等问题亟待解决。

（1）利用数字科技重构货运服务全过程。传统的货运各环节单独运行、高度依赖人工，效率低，通过物联网、大数据、人工智能、自动化设备及各类软件系统的综合应用，朝着高度集成一体化、智能自动化的现代仓储方向发展。数字科技重构了货物运输流通中线路规划、车货匹配、在途运输这三个环节。通过互联网平台、大数据和 AI 技术等，逐步实现运力和货物的精准匹配连接、智能线路规划、在途监控、无人驾驶等智能解决方案。

（2）搭建网络货运平台。去中介化是现在 B 端与 C 端货运数字化的一个主要趋势。C 端货运数字化的应用普及需要一个重要媒介将其和商业应用相融合，而这个媒介就是互联网。通过互联网搭建网络货运平台，其可以高效整合货源需求和运力资源，替代三方物流中间转包的环节，减少中间成本，交易环节线上化，使运输过程更加透明化。网络货运平台加快了货运产业 C 端数字化的进程。在电子商务、供应链、物联网快速发展背景下，网络货运平台的建立符合现代化技术飞速发展的趋势，是推动新一代数字化技术变革的主要技术之一。

（3）将物联网的链条从人、车、货延伸到了"钱"，让货运数据来优化结算环节。众所周知，上下游结款缓慢一直是货运行业备受诟病的"痛点"。C 端货运数字化应着重打造多个业务方线上流程打通、驾驶员运费秒结到账，解决在旺季各类矿区、场站门口货车排队问题，节约时间成本，减少高碳环境污染。

（4）面向多种需求。货运行业也应将其产品分解为众多部分，分散到不同的群体，为其提供服务。通过面向多种需求的 C 端数字化的多种需求也日益突出，颠覆传统货运商业模式。货运公司应该大胆创新，充分利用技术分析，实现C端货运数字化，将货运推向行业竞争力的新时代。

3. C端数字化应用案例

C端数字化应用案例见表5-3。

C端数字化应用案例　　　　　　　　表5-3

名　　称	数字化案例	成　　果
G7物联（北京汇通天下物联科技有限公司）	主动安全服务、数字能源结算、智能挂车租赁、金融保险、货车后市场等一系列服务	以物联网技术为核心，先后服务了7万家货主和物流公司
北京中交兴路信息科技有限公司	车旺大卡手机端APP，以驾驶员、车主和商家为主要用户群体的综合性移动服务平台，提供管车定位、加油、ETC、保险、金融、货车导航等服务。在便民方面还开通了线上驾驶员之家、货车网上年审、数字平台、保险服务、油品服务、北斗车联等产品和服务	车旺大卡每天服务近百万的用户，现有独立注册用户800万，包括540万驾驶员、40万家运输企业，运力承担着中国公路干线运输超过80%的运量，运费规模超过2.5万亿，已成为国内领先的公路货运服务平台。赋能物流企业及供应链货主方，实现数字化、互联网化和智能化转型，为多种消费需求赋予更加数字智能化的服务，通过数字化连接货主、物流公司和驾驶员群体，让物流变得更简单，形成更好的交易匹配
京东物流集团	中高端车企售后一体化供应链服务、批售业务及零售业务的物流整合服务、大数据构建智能运算补货模型	最大程度地匹配经销商的需求进行灵活的仓网布局，在行业首次提供配送到家的个性化服务，配备专业的客服团队与365天不间断服务的供应链保障，实现配送物流全链路的数据生产透明化、可视化
满帮集团	驾驶员贷、保险中介、ETC服务、油卡等服务	如今，有着500万登录月度活跃驾驶员、近200万登录月度活跃发货方，成功地吸引了大量驾驶员聚集到平台，取得了全国性覆盖

续上表

名　　称	数字化案例	成　果
快狗打车（天津五八到家生活服务有限公司）	城市配送企业、快狗打车APP服务	已拥有超过110万名平台注册驾驶员，业务范围已覆盖6个国家及地区、346个城市的超900万活跃用户
深圳市易流科技有限公司	物流信息服务、易流网、网站建设、空间租赁、域名注册等服务	物流以及供应链领域的企业客户达3000余家，在线服务的运输车辆120多万辆，汇聚了130多万一线驾驶员的真实海量信息资源，系统每月数据增量超过10TB

针对我国货运物流行业的短板和不足，加强G、B、C端货运行业数字化建设，合理布局货运物流网络、建设高效配送体系、促进货运物流一体化、提升货运物流数字化水平、发展货运物流新业态新模式，通过标准化、信息化、协同化、数字化建设，降低货运物流运行成本；通过促进货运绿色和数字化发展，提升货运物流运行效益，同时，发挥多部门职能形成合力，促进物流货运行业数字化高效发展。

第六章　新冠肺炎疫情对货运的影响

公路货运作为国民经济运行基础性服务行业，与全社会生产生活紧密相关，疫情期间，运输网络体系总体受到较大冲击，货运产业链体系运转受到显著影响，但总体呈现良好的抗冲击能力，公路货运体系体现了良好的韧性。同时，在抗疫与复工复产过程中，公路货运在重点医疗和生活物资运输中也发挥了有力的支撑保障作用。

第一节　公路货运行业受疫情影响情况

疫情期间，货运行业整体受到了较大影响，公路货物运输、航空海上运输和公共交通等都从不同程度受到冲击（图6-1）。

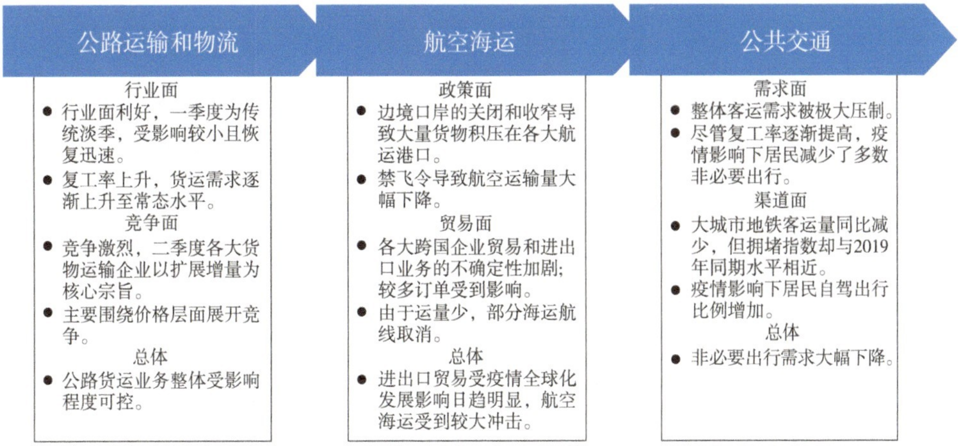

公路运输和物流	航空海运	公共交通
行业面 ● 行业面利好，一季度为传统淡季，受影响较小且恢复迅速。 ● 复工率上升，货运需求逐渐上升至常态水平。 **竞争面** ● 竞争激烈，二季度各大货物运输企业以扩展增量为核心宗旨。 ● 主要围绕价格层面展开竞争。 **总体** ● 公路货运业务整体受影响程度可控。	**政策面** ● 边境口岸的关闭和收窄导致大量货物积压在各大航运港口。 ● 禁飞令导致航空运输量大幅下降。 **贸易面** ● 各大跨国企业贸易和进出口业务的不确定性加剧；较多订单受到影响。 ● 由于运量少，部分海运航线取消。 **总体** ● 进出口贸易受疫情全球化发展影响日趋明显，航空海运受到较大冲击。	**需求面** ● 整体客运需求被极大压制。 ● 尽管复工率逐渐提高，疫情影响下居民减少了多数非必要出行。 **渠道面** ● 大城市地铁客运量同比减少，但拥堵指数却与2019年同期水平相近。 ● 疫情影响下居民自驾出行比例增加。 **总体** ● 非必要出行需求大幅下降。

图6-1　公路货运、航空海运及公共交通多维度受疫情影响

尤其在疫情出现约20天后，全国多数城市货运流量下降至最低水

平。伴随防疫工作及复工复产的有序推进，整个行业得到了快速恢复。在疫情出现约 70 天后，公路货运活跃程度已恢复至去年同期水平。

2020 年 1 月 23 日起，新冠肺炎疫情在全国范围内快速扩散，公路货运行业受疫情与春节假期双重影响，日活跃车辆比例在降至全年最低水平（5% 以下，与 2019 年基本持平）后未能快速回弹；在春节后近 20 天内仅维持在 10% 左右，活跃水平损失在节后第 22 天左右达到最大，超过 40%。整个疫情期间货运车辆活跃水平日均损失约为 12.2%（图 6-2）。

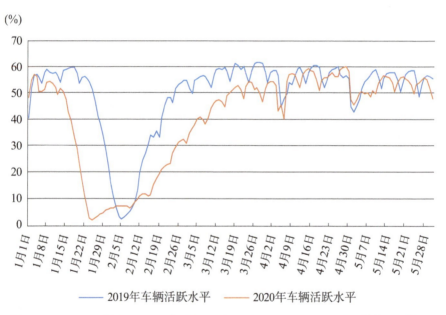

图 6-2　2020 年与 2019 年全国货运车辆同期活跃水平变化情况

受疫情影响，公路货运车辆的生产效率水平出现显著下降。在疫情发展中期，全国货运车辆营运里程规模显著低于 2019 年同期，全国货运车辆周均营运里程均值为 725.8km（2019 年同期为 928.7km），差值约 203km，日均损失约为 29km，同比下降约 22%（图 6-3）。

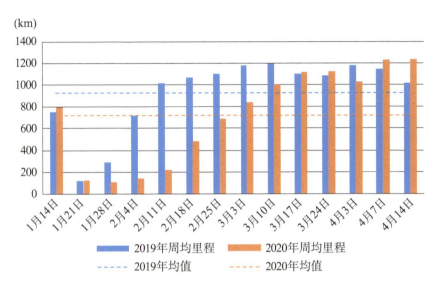

图 6-3 疫情期间全国公路货运车辆周均营运里程同比变化情况

在本次疫情影响中,武汉及湖北其他地市作为重点疫区,公路货运生产活动受到的冲击较大。在春节过后约 50 天内,湖北籍货运车辆活跃水平仅维持在 5% 左右,湖北籍货运活跃水平在疫情暴发 50 天内日均损失在 40% 左右。在 2 月 23 日左右,全国货运生产水平几近恢复正常后,湖北籍货运车辆活跃水平仅为 20% 左右(图 6-4)。

图 6-4 湖北籍货运车辆 2019 与 2020 年活跃水平变化情况

受疫情影响，我国典型发展地区（城市群）的公路货运流量整体水平相较于去年同期呈大幅下降的态势。其中，中原城市群、长江中游城市群、关中城市群、京津冀城市群及长三角城市群受影响程度较为显著（图6-5）。

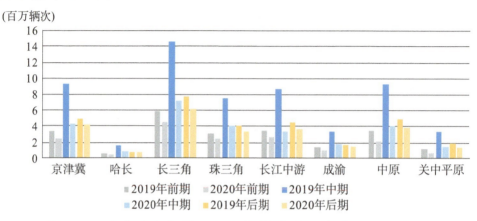

图 6-5　疫情时期全国八大城市群货运流量同比变化情况

疫情严重时期，所有城市群的货运流量损失均过半，中原城市群降幅大，达62.56%，关中平原城市群降幅为58.85%，京津冀城市群降幅为53.39%，长三角城市群降幅为50.37%，成渝城市群降幅为50.14%（图6-6）。

图 6-6　2020年5月全国八大城市群货运流量同比变化情况

第二节 公路货运行业受疫情影响后的恢复情况

2月19日之后，疫情快速发展的势头得到了有效控制，公路货运活跃水平开始快速回升（图6-7、图6-8）。同时，受全国收费公路免费政策等因素影响，货运车辆活跃水平迅速反弹，行业活力逐渐恢复，3月25日，即疫情暴发约72天后，公路货运行业基本回升至去年同期水平。

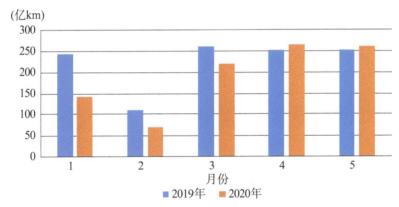

图6-7 2019—2020年全国1~5月公路货运总里程同期对比

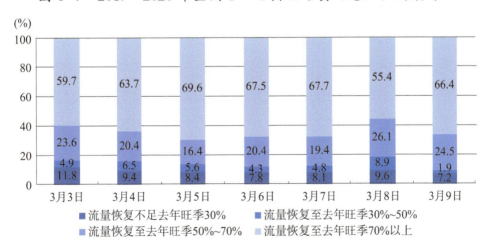

图6-8 2020年3月3日~9日全国大型公共园区吞吐量恢复情况

同时，2020年4月、5月，公路货运车辆营运里程规模均超过了去年同期，显示出了公路货运行业良好的抗冲击和回弹能力。

从2020年5月我国各地市及地市间的同比来看，除华北北部、西南东部、新疆、西藏、黑龙江等局部边疆地区外，全国多数城市货运流量已经恢复至去年水平，同时，华中、华南、西北及东北大部地区的货运活动规模已经超过了去年同期规模（图6-9）。

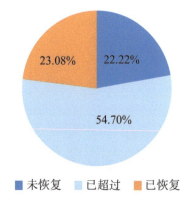

图6-9　2020年5月全国各城市公路货运流量恢复情况

伴随全国范围内防疫工作积极有序推进，社会生产生活各项功能逐步恢复，公路货运行业活跃水平与生产能力快速回弹。在快速恢复期，公路货运车辆总体复工系数❶约为1.26。3月25日后，货运车辆活跃水平已接近去年同期，增幅逐渐稳定，复工过程基本结束。与此同时，周额定周转量与车辆活跃水平增幅对比显示，货物周转量相对车辆活跃水平的弹性也保持了较高水平，复产系数❷在1.17左右，这表明公路货运行业在快速复工的同时，运输产能也表现出了较高的恢复水平，复产过程基本结束（图6-10）。

---

❶ 复工系数使用货运车辆活跃水平表示，即每周车辆活跃水平增幅。
❷ 复产系数使用额定周转量恢复弹性表示，即额定周转量相对车辆活跃水平增幅。

图 6-10　2020 年货运活跃车辆数周占比及额定周转量弹性变化情况

受疫情影响,全国各类城市及线路的公路货运流量降低情况不一,除武汉及湖北各地等重点疫区外,信阳、岳阳等地货运流量下降明显,湖北与河南、湖南、安徽等地的货运联系下降显著。

疫情暴发后,为有效阻断疫情传播,全国多地采取交通管制措施,限制城市内及地区间流通水平。疫情最严重期间,全国各城市货运流量降幅各异,其中,除重点疫区(湖北)外,信阳、岳阳、泰州、鹤岗等 20% 的城市货运车辆流量水平降幅较大,平均约为 69%;渭南、泉州、徐州、衡水等 63% 的城市降幅处于中等水平,平均降幅为 50%;北海、宜春、丹东、茂名等 13% 城市受影响程度较小,平均降幅约为 32%;重点疫区(武汉及湖北其他地区)总体平均降幅约为 83%。

从城市间公路货运流量下降水平看,疫情初期,全国各城市间流量下降幅度较小,伴随疫情态势不断发展,受湖北部分城市封城影响,湖北地区各城市间流量均出现大幅下降。此外,河南信阳到湖北孝感、湖南岳阳到湖北咸宁、安徽六安到湖北黄冈等出现较大降幅，与湖北相邻的周边省（区、市）中，河南、湖南、安徽三省率先受到显著影响。湖北周边城市间、京津冀地区城市间、多数西部地区城市间等流量下降超过70%，而东北地区南部、西南地区、华中地区东部等城市间流量下降较小，降幅大多在25%以内（图6-11）。

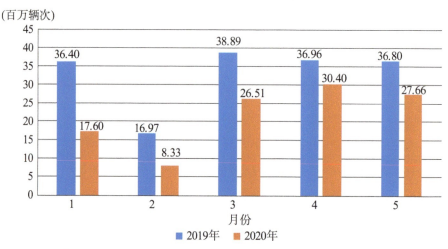

图 6-11　2019—2020 年全国公路货运流量对比

第三节　公路货运在抗疫过程中发挥的重要作用

公路货运作为社会各类物资有效流通的"主动脉"之一，在全国抗疫过程中发挥了重要作用，有效保障了全社会各类生产生活、应急救援、医疗卫生物资的输送，为防疫抗疫工作作出了重要贡献。

为充分发挥交通运输业的服务与保障职能，减缓疫情对全社会经济生产生活带来的冲击与影响，交通运输部于2020年2月15日下发《交通运输部关于新冠肺炎疫情防控期间免收收费公路车辆通行费的通知》，决定在新冠肺炎疫情防控期间免收全国收费公路车辆通行费。

疫情期间，货运车辆使用道路类型及效率发生了较大变化，收费公路通行费减免政策使得高速公路利用水平显著上升。

疫情期间，货运车辆行驶高速公路里程比例均值为 63.25%，较去年同期（46.67%）上升 16.6 个百分点。其中，在政策实施后，高速公路运输份额显著上升，里程比例迅速攀升至 70% 左右，同比增长 25% 左右，高速公路运输系统有力地支撑了疫情期间各类生产生活物资的输送与医疗等应急物资的救援保障工作，发挥了巨大作用（图 6-12）。

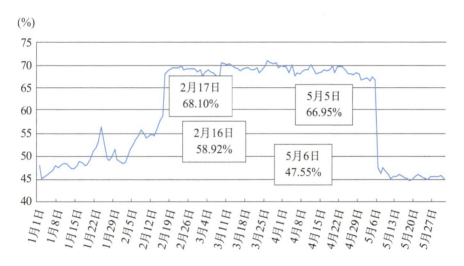

图 6-12　2020 年全国货运车辆使用高速公路比例

同样地，在疫情期间公路货运车辆活动水平普遍受限，但同时，运输网流量下降使得道路拥挤程度下降，进而使得货运车辆的运行速度有所提升，加之 2 月 15 日起通行费减免政策导致货运车辆利用高速公路水平显著增加，货运车辆车速有了显著提升。在疫情期间，货运车辆平均车速为 47km/h，较去年同期（43.63km/h）增加 8% 左右。2 月 23 日，平均速度达到峰值，为 50.5km/h 左右。全国货运车辆的月度运行速度在 5 月份基本恢复至去年同期水平（图 6-13）。

图 6-13 2019—2020 年全国货运车辆同期营运速度对比

疫情期间公路货运成为抗疫救援的重要保障力量。在全国统一的调度指挥基础上，重点疫区（湖北省）外籍车辆的比例提升显著，各地公路运力有效发挥了应急响应职能，高度体现了公路货运网络的保障能力与协作效率。

以重点疫区（湖北省）为例，1月23日，武汉市率先启动封城管制措施，受此影响，湖北籍货运车辆异地运营率快速下降，疫情发展严重时期最低下降至10%左右；同时，外省（区、市）货运车辆无法进入疫区，导致湖北境内货运车辆车籍混合度也迅速下降至25%左右（图6-14）。

伴随疫情防控工作陆续展开，为保证重点疫区生产生活正常运转及医疗救助工作有序进行，全国各地区陆续通过公路运输向疫区输送各类物资。2月9日左右，湖北省内外籍车辆比例迅速攀升，在之后的近30天内，湖北境内车籍混合率平均保持在50%，最高时期达到65.61%。全国范围内的运力联动和高度协同为本次抗疫工作提供了重要支撑保障（图6-15）。

第六章 新冠肺炎疫情对货运的影响

图 6-14 湖北省货运车辆异地营运率同比变化情况

图 6-15 湖北省货运车辆车籍混合率同比变化情况

疫情防控及复工复产期间，国家主干运输网发挥重要支撑职能，途经湖北的15条国家高速公路承担了全国28%的货运流量，高速公路运输通道在疫情期间仍发挥了重要的运输保障职能。

由于武汉及湖北在全国运输系统中占据重要位置，因此，在湖北省实行封闭管制措施后，全国货运系统受到了重大影响，但国家主干运输网依然发挥了重要的运输保障职能。在疫情严重时期途经湖北的15条国家高速公路（武汉绕城高速段除外），货运流量总和接近全国总流量的28%左右。其中，沪蓉通道（横向）流量最大，单通道流量占比为全国的5.28%左右。表6-1为途经湖北省的国家高速公路在疫情期间占比情况（前五名）。总体上，横向通道整体流量大于纵向高速通道。本次疫情防控工作中，高速公路运输通道在我国公路货运活动中的重要地位得到了进一步体现。

表6-1 途经湖北省的国家高速公路在疫情期间流量占比情况（前五名）

高速通道名称	货运车辆流量占比（%）	通道性质
沪蓉通道	5.28	横线
沪鄂通道	5.02	并行线
二广通道	4.71	纵线
京广通道	4.40	放射线
福银通道	3.84	横线

第四节 结论

公路货运是国民经济运行的主动脉，承担着生产生活物资流通的重要职能。不同行业的供应链应对疫情影响的抗冲击及恢复能力差别很大，而我国公路货物运输已经形成产业韧性高、运输组织能力强，具有较高抗冲击能力的现代化产业体系。在本次疫情中，公路货运虽然受到了较大冲击，在20天左右几乎波及整个国家公路货物运输网络，重点疫区货运活动几近停滞，但是在约50天后就恢复到了正常水平，复工增速和复产增速分别约为26%和17%。与其他行业相比❶，我国公路货运在大范围突发事件影响后呈现显著的快速恢复能力，也表现出了良好的产业链韧性。

伴随我国综合运输体系建设不断推进，货物运输中各种运输方式的功能与作用也随之不断优化，公路货物运输具有灵活性高、覆盖面广、末端渗透率高等优势，公路货物运输在国家应急救助体系中具有重要的、不可替代的位置和作用。本次新冠肺炎疫情防控过程中，重点疫区外籍货运车辆比例在抗疫期间短期内迅速上升25%，公路货运在各类生活及医疗物资保障性运输过程中发挥了重要作用。

---

❶ 本章内容相关数据显示，2021年3月25日左右，公路货运活跃水平等主要指标已经恢复至2020年同期水平。同时，中国政府网相关资料显示，4月7日，房地产及市政工程开工率为85%；4月15日，中小企业复工率为84%；5月1日，生活服务业复工率为80%；5月2日，企业收入恢复率为95%。

第七章　货运未来发展趋势与政策建议

第一节　货运未来发展趋势

1. 强化创新驱动使信息技术与交通运输深度融合

坚持以技术提升为核心，持续投入信息化建设，促进货运企业数字化转型；在数字化布局以及货运平台信息化方面，以数据为关键要素赋能运输发展，推动模式、业态、产品、服务等联动创新，提升协同管理能力。将自动化、人工智能、大数据、物联网等新技术广泛应用于货运行业。利用数据与分析相结合实现车货智能匹配、货物状态实时跟踪、精准货物推荐等服务功能。深挖货运运输结构的市场潜能，提升多式联运服务水平，向着生态化智能化货运物流业发展。

2. 行业安全管理进一步强化

安全是发展的前提，发展是安全的保障，二者相辅相成。安全生产工作不断加强是未来行业管理的必然趋势，做好公路货运领域安全，核心要抓住危货运输、重型货车、冷链物流和零担货运这四个具有重大安全隐患的领域和板块。围绕四大重点领域，提高安全管理能力，夯实安全发展基础。

3. 贯彻"双碳政策"，公路货运行业率先向绿色运输迈进

目前，我国交通领域占全国终端排放约15%，要实现"碳达峰、碳中和"的目标，交通运输行业承担着重要的任务。公路货运节能减

排一方面要降低传统燃油车油耗，另一方面也要大力发展新能源汽车。近5年来，新能源货车销量呈现先升后降的起伏态势，随着补贴政策的逐步退坡，市场逐步从"以补定销"向"技术定销"转变，各地路权政策的逐步放开是市场的真实需求增加。商用车轻量化及节能技术不断研发换代，将进一步改善货车油耗水平。

4. 交通运输改革不断深化，提高治理能力现代化

党的十九届四中全会提出了治理体系和治理能力现代化，建立有利于物流业创新发展的治理体系，提高治理能力，补充并规范物流法律法规：针对物流行业的特点，相关政府部门应该对其进行综合管理，搭建"一网通办""跨省通办"，政务服务"好差评"机制以及线上"司机之家"APP等，同时加快推进行业的放管服改革，从强许可向基于大数据的行业信用监管转变，优化完善收费公路政策，推广高速公路差异化收费，加强运行监测，是"十四五"期间行业平稳运行的重要保障。

第二节 货运行业政策建议

1. 新兴模式的科技赋能及传统资源的活化与融合

传统资源正在与新兴物流行业加深融合及碰撞，有望形成新的、具有价值潜力的新物流网络及基础设施。网络货运新时代即将开启，企业要避免"一哄而上"，做到合规有序发展，有助于发展"数字货运"，培育"品质运力"，加强网络货运企业对货物的运输责任，充分挖掘数据资源，创新服务模式，提高运输组织效率，打造业务新盈利点。利用自动化、人工智能、大数据、物联网等技术驱动的物流科技应用

场景。同时，智慧科技驱动行业降本增效，智慧物流新赛道下未来具备潜力的物流科技设备将为企业提供服务，进一步提升行业效率，如无车承运平台、数字货代等。

2. 改善货车驾驶员从业环境，降低驾驶员经营负担

多数驾驶员认为自身社会地位低，工作"只是谋生手段"，荣誉感差、认同度低、满意度低，不愿意自己的家人再进入这个行业，超过50%的货运企业反应存在"招工难"和"留不住"问题。对于此，应做好"司机之家"布局规划，持续推进功能实用、经济实惠、方便快捷的"司机之家"建设，切实为广大货车驾驶员提供便民服务，改善休息条件。推动建设线上线下"司机之家"，形成线上线下联动、覆盖货运物流全链条的驾驶员服务体系，通过对车辆、燃油、保险、维修等的集中采购，进一步降低货车驾驶员经营成本和负担。

3. 推广生态驾驶行为，督促减少超长怠速和过急减速等不良驾驶

"生态驾驶"是指在驾驶过程中避免急加速、急减速、空踩加速踏板及长时间怠速等不经济、不环保驾驶行为的驾驶汽车方式。通过已有研究发现，驾驶行为对油耗的影响因素占比为25%，车主们也已经认识到驾驶行为差异会导致油耗差异的重要性❶。美国、欧洲、日本等国家政府推广生态驾驶项目，国内也有研究学者评估超长怠速、急加速、过急加速、急减速、过急减速5种不良驾驶行为对油耗的影响，减少超长怠速时间的平均节油潜力为2.6%，减少过急减速时间的平均节油潜力为3.8%，通过推广生态驾驶行为，可以降低车辆排放带来的环境影响，也可以有效避免车辆使用成本❷。

---

❶ 西南交通大学研究成果。

❷ 程颖, 张佳乐, 张少君, 郭继孚, 张达. 大型货运车辆生态驾驶及节油潜力评估[J]. 交通运输系统工程与信息, 2020, 20(06):253-258.

4. 规范市场秩序及货运新业态经营行为

重点针对货车非法改装、"大吨小标"、倒卖合格证、超限超载等开展整治，完善监督举报机制，鼓励各省（区、市）开通投诉热线、投诉邮箱、完善执法投诉渠道，对投诉处理结果对外公开，进一步规范道路运输市场秩序，营造公平有序的营商环境。积极推动道路货运新业态、新模式发展，督促货运平台公司合理确定服务费、会员费等标准，严禁诱导货车驾驶员低价竞争。对平台型企业市场垄断、不合理定价、不合理收费等问题开展专项检查，依法查处损害货车驾驶员合法权益等垄断行为。加强对网络货运企业监管，建立科学合理的考核体系，引导平台企业规范发展；加强网络货运企业对货物的运输责任，充分挖掘数据资源，创新服务模式，提高运输组织效率，打造业务新盈利点。

5. 发展智慧物流，促进货运新业态

未来智慧物流市场将进一步扩张，国家层面应推动物流行业降本增效，提高整个社会的货物流通运转效率，同时新零售的提出对仓储运输环节的效率提出了更高的要求。在运输和配送环节，继快递之后，对无人车和无人机的自动化、规模化运用正在逐渐加深，通过智能硬件、物联网、大数据等智慧化技术与手段，提高物流系统分析决策和智能执行能力的智慧物流，物流连接升级、数据处理升级和经营模式不断创新。随着智慧物流的大规模应用，结构不断优化，融合新理念、新模式、新技术、新业态来发挥智慧物流的优势，将推动中国物流业的革命性发展，实现物流行业的转型升级。

参考文献

[1] 王超敏, 杜馨仪. 综合运输体系发展综述[J]. 经营管理者, 2014(24):1.

[2] 交通运输部. 科学布局国家综合立体交通网[R/OL].(2021-03-16) [2020-12-01]. https://m.thepaper.cn/baijiahao_11728158.

[3] 刘秉镰, 林坦. 国际多式联运发展趋势及我国的对策研究[J]. 中国流通经济, 2009,23(12):17-20.

[4] 交通运输部, 国家发展改革委. 推进物流大通道建设行动计划 (2016—2020 年) [R/OL].(2016-12-7) [2021-12-01].http://www.jianxian. gov.cn/oldfujian/jxjax/P020170215457254131703.pdf.

[5] 舜世通.2020 年度中国公路货运行业运行情况发展趋势分析[R/OL]. (2021-08-19) [2021-12-01]. https://www.sohu.com/a/484303790_120697884.

[6] 李静宇. 解读货运生态圈—专访传化智联总裁助理李尚青. 中国储运, 2018(02):44-45.

[7] 巨量算数, 威尔森达示数据.2021 年中国商用车市场研究报告[R/OL].(2021-04-07) [2021-12-01]. https://trendinsight.oceanengine.com/arithmetic-report/detail/286.

[8] 平安银行. 货车行业周期及行业格局研究[R/OL].(2021-06-11) [2021-12-01]. https://www.vzkoo.com/document/07b5bc4c3f76c2ccf77a15cbdf89b372.html.

[9] 李霖, 奚美丽. 中重卡 AMT 市场发展预测[J]. 汽车与配件,2021(06): 64-70.

[10] 益明. 欧曼 AMT 重卡：引领中国重卡行业迈向自动挡时代 [J]. 商用汽车,2020(01):40-42.

[11] 卡车之家. 盘点国内外自动驾驶卡车，谁的技术最先进？[R/OL]. (2019-10-02)[2021-12-01]. https://baijiahao.baidu.com/s?id=1646029544048686718&wfr=spider&for=pc.

[12] 程颖, 张佳乐, 张少君, 等. 大型货运车辆生态驾驶及节油潜力评估 [J]. 交通运输系统工程与信息,2020,20(06):253-258.

[13] 中国物流信息网. 新冠疫情对运输物流行业的影响（一）[R/OL]. (2020-06-10)[2021-12-01]. http://www.trcchina.net/wlxw/57631.html.